D0899542

Uniform with this volume

COLLOQUIAL FRENCH
COLLOQUIAL ITALIAN
COLLOQUIAL JAPANESE
COLLOQUIAL ARABIC
COLLOQUIAL PERSIAN
COLLOQUIAL SPANISH
COLLOQUIAL HINDUSTANI
COLLOQUIAL HUNGARIAN
COLLOQUIAL RUSSIAN
COLLOQUIAL RUMANIAN
COLLOQUIAL CZECH
COLLOQUIAL TURKISH

London
Routledge & Kegan Paul
Limited

COLLOQUIAL GERMAN

By
P. F. DORING

LONDON
ROUTLEDGE & KEGAN PAUL LTD
BROADWAY HOUSE: 68–74 CARTER LANE, E.C.4

First published 1946
Second edition (revised) 1950
Reprinted, 1952, 1956, 1958, 1960, 1965 *and* 1970

ISBN 0 7100 6454 3 (p)
ISBN 0 7100 4322 8 (c)

PRINTED IN GREAT BRITAIN BY
WILLIAM CLOWES AND SONS, LIMITED, LONDON AND BECCLES

CONTENTS

PART TWO

PREFACE

German is spoken by about 80 millions in Germany, Austria, and Switzerland.

The German language is not too difficult to learn because there are so many Anglo-Saxon words in common.

For everyday life you need about 1,000 words. Often students ask : How long does it take to learn German ? The answer is : When you have learned everything in this book you can go abroad and everybody will understand you. It will be a thrilling experience.

Here are some practical hints. From the very first lesson read every word **aloud.** You will be astonished to see how quickly ear and tongue get accustomed to the new sounds.

It is a good idea to speak out loud before a looking glass. It prepares you for actual conversation and you overcome a certain embarrassment at hearing your own voice using a foreign tongue.

Take every opportunity for talking to natives, listen to the German lessons on the B.B.C., and study German gramophone records (Linguaphone : German Intonation and Verse-Speaking Series).

You must have a good **dictionary** besides building up for yourself a written " Wortschatz," i.e., vocabulary, jot down daily new words, colloquial phrases, and beautiful quotations and poems. Memorize a few lines everyday and speak or sing them repeatedly.

A sure way to learn German is to translate from German into English, shut your book and re-translate till you can do it without mistakes.

During your studies you will sometimes feel hopeless and stupid. Never mind, we all of us have had the same experience. Do not give in. Always remember even the smallest children over there speak German. Why shouldn't you ?

When you are in Germany you will see how much you actually know and what fun it is to ask for " ein Glas Lagerbier."

Learning a language means widening your horizon, means looking into the mind of another nation. It is a great experience. And the reward of all your studies is that you will be able to read the rich and beautiful German literature : novels, poetry, folksongs and . . . the Bible.

Glück auf den Weg !

P. F. D.

1. Aufgabe

The German Alphabet

The Germans use in writing and printing two alphabets: the Roman and the Gothic type. It is not necessary for the beginner to learn the Gothic letters.

German form.	Roman form.	German name.	German form.	Roman form.	German name.
𝔄, α	A, a	ah	𝔑, n	N, n	enn
𝔅, b	B, b	bay	𝔒, o	O, o	oh
ℭ, c	C, c	tsay	𝔓, p	P, p	pay
𝔇, d	D, d	day	𝔔, q	Q, q	koo
𝔈, e	E, e	eh	𝔯, r	R, r	err
𝔉, f	F, f	eff	𝔖, ſ, s	S, s	ess
𝔊, g	G, g	gay	𝔗, t	T, t	tay
𝔥, h	H, h	hah	𝔘, u	U, u	oo
𝔍, i	I, i	ee	𝔙, v	V, v	fow
𝔍, j	J, j	yot	𝔚, w	W, w	vay
𝔎, k	K, k	kah	𝔛, x	X, x	iks
𝔏, l	L, l	ell	𝔜, y	Y, y	üpsilon
𝔐, m	M, m	emm	𝔷, z	Z, z	tset

Die Aussprache. The Pronunciation

In order to have a correct German pronunciation from the very beginning it is essential that the student should hear and imitate the teacher.

RULE.— German is pronounced as it is spelled. Each sound has only one pronunciation.

There are a few exceptions.

Vowels and Diphthongs

a pronounced like English a in arm : ja, Hand, Arm, warm, Band

e like English ay in hay : gehen, wehen, ewig or like e in men : Bett, Ende, senden

i like ee in bee : Igel, wider, Bibel or like i in pin : Wind, Kind, Rind, sind

u	like English u in pussy : Lust, Brust, dumm or like oo in doom : Ruhe, Kuchen, Kuh
ie	like ee in bee : Liebe, Sieb, Fiedel
ei	like English i in mine : mein, sein, dein, Wein
ai	like i in mine : Mai, Kaiser, Mainz
au	like ou in house : Haus, Maus, Laus, Aufgabe
eu	like oi in boy : Feuer, Leute, heute, Beute, neu, Freude, Zeugnis
äu	like oi in boy : Bäume, läuten, Räuber

Umlaut

ä ö ü	is the modification of a o u and is called der Umlaut
ä	nearly like ai in air : Hände, Mädchen, Räder
ö	as in English worm : König, Vögel, Söhne
ü	identical with French u in rue. To practice it say ee and purse your lips at the same time as if you meant to whistle : süss, müde, lügen, Hügel, Rübe

Consonants

b	final b like p : Leib ; Laub ; Raub, Lob, otherwise as in English : Bein, Band, bin
d	final d like t : wild, mild, Bild, rund, otherwise as in English : die, Dame, du
v	like f : von, vor, viel, vier, Vater, Vogel
w	English v sound as in vow : was, wo, wer, wie, wann
g	final g like k : Berg, Weg, otherwise as in English : gehen, gern, sagen, legen
ng	as in English singing : Lunge, Finger, Ring
z	very different from English, pronounced ts as in rats : zu, zwei, zwar, Ziege, zwischen
sch	like English sh : Schule, schon, schwarz, Schwindel
sp	initial-sp like shp : Spinne, Spanne, Sprache, otherwise as in English : Wespe, Raspel
st	initial-st like sht : Stube, stand, Strand, otherwise as in English Weste, List, Liste, Rest

r   gutteral as in French : Rose, Ring, Rest, Rand

ch   After a, o, u, au as in Scottish loch : ach, Bach, lachen,
         machen, Buch, Loch, Hauch.   After e, i, ei, eu, äu the
         same sound more lightly pronounced : Rechen, ich,
         mich, sich, weich, feucht, räuchern

chs   like ks : Büchse, Wachs, Dachs

j   is like y in year : ja, Jahr, Jesus, jeder

Aussprache-Übung.   Pronunciation Exercise

This exercise is of fundamental importance for your later
work.   Read aloud and several times.

Do not worry about the meaning of the words, concentrate
on the pronunciation !

**Leib Hunger Weste Wendung Januar Bleistift Juli
Gold Mai Gesicht Dienstag Geschichte Juni Geige
August Ziege zeigen wachsen Leiche Licht sechs rot
Rat Rätsel Leute läuten Weib Wiese Männer böse Auto
hören Bombe Loch Löcher üben für waschen Wäsche
Atom Fliege zwei sprechen nicht Sache Zwiebel
Schachtel sagen Weg Donnerstag Arm Bohne Butter
Qual dein alle Bach Schein Lob Zucker Wald Reich
riechen Bein viel füllen Quäker Rose verstanden Rabe
Storch Rand Kuh Veilchen Schüler vier versuchen
Becher machen Strumpf singen fast schlecht Schluss
wir Wiener Waschweiber waschen weisse Wäsche**

2. Aufgabe

The Noun.   The Gender

Note.—**All German Nouns Have Capitals**

There are three genders in German :

masculine (m.)
feminine (f.)
neuter (n.)

There are three corresponding articles :

German	der	die	das
English	the	the	the

Sex and gender do not always correspond, thus

der Hammer (m.)	the hammer
die Rose (f.)	the rose
das Land (n.)	the land

similarly the Indefinite Article **a (an)** is in German

ein,   **eine,**   **ein**

der Hammer	**die** Rose	das Land
ein Hammer	**eine** Rose	ein Land

There are many words derived from the Anglo-Saxon. Can you guess what they mean ? Substitute **ein, eine, ein.**

der Mann	die Mutter	das Haar
der Hut	die Lampe	das Netz
der Fisch	die Lippe	das Kinn
der Vater	die Milch	das Blut

Translation :

the man	the mother	the hair
the hat	the lamp	the net
the fish	the lip	the chin
the father	the milk	the blood

Advice.—When you learn these words and all the others employ the so-called " direct method," that is to say : do **not** practise : die Lampe—the lamp. That would be **translated.** Rather : Point at a real lamp or a picture and speak aloud : das ist die Lampe, or : das ist nicht die Lampe, das ist das Buch. The more drastic and funny the better.

Words on the next page are rather more difficult. But all of them could be guessed at once, when they are spoken to you in Germany. Copy out the " strangers " into your vocabulary (das Wörterbuch).

It would be " direct method " if you would name objects in a picture book or even better : make little drawings yourself. You will be speaking well very soon.

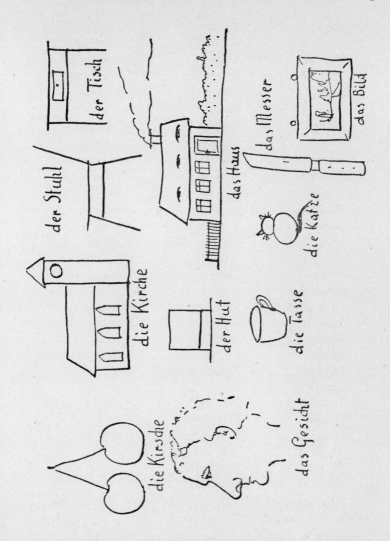

Kuchen (m.)	Strasse (f.)	Kakao (m.)
Stein (m.)	Mitte (f.)	Henne (f.)
Bein (n.)	Auge (n.)	Lamm (n.)
Weg (m.)	Zunge (f.)	Stamm (m.)
Seite (f.)	Lunge (f.)	Socke (f.)
Seide (f.)	Haut (f.)	Bock (m.)
Eiche (f.)	Knie (n.)	Stock (m.)
Rauch (m.)	Haus (n.)	Kreide (f.)
Katze (f.)	Hütte (f.)	Soldat (m.)
Hund (m.)	Hut (m.)	Pflaume (f.)
Esel (m.)	Blei (n.)	Apfel (m.)
Vater (m.)	Nachbar (m.)	Kirsche (f.)
Lampe (f.)	Busch (m.)	Kirche (f.)
Fuss (m.)	Daumen (m.)	Flasche (f.)
Eis (n.)	Werk (n.)	Raum (m.)
Wetter (n.)	Garten (m.)	Motte (f.)
Schiff (n.)	Stroh (n.)	Tag (m.)
Brot (n.)	Storch (m.)	Woche (f.)
Jahr (n.)	Schlaf (m.)	Monat (m.)
Blut (n.)	Schaf (n.)	Jahr (n.)
Silber (n.)	Bäcker (m.)	Fiedel (f.)
Gold (n.)	Zucker (m.)	Heim (n.)
Salz (n.)	Honig (m.)	Kuss (m.)
Tochter (f.)	Milch (f.)	Nuss (f.)
Bruder (m.)	Bier (n.)	Fuss (m.)
Onkel (m.)	Reis (m.)	Kissen (n.)
Tante (f.)	Tee (m.)	Ohr (n.)
Nichte (f.)	Kaffee (m.)	Weber (m.)
Mädchen (n.)	Schokolade (f.)	Weib (n.)

Das ist ein Zehntel von allen Wörtern, die Sie lernen müssen. Ist es schwer oder leicht?

This is one tenth of all the words you must learn. Is it difficult or easy?

Translation

cake	street	cocoa
Stone	middle	hen
bone	eye	lamb
way	tongue	stem
side	lung	sock
silk	hide	buck
oak	knee	stick
smoke	house	chalk
cat	hut	soldier
dog	hat	plum
ass	lead	apple
father	neighbour	cherry
lamp	bush	church
foot	thumb	bottle
ice	work	room
weather	garden	moth
ship	straw	day
bread	stork	week
year	sleep	month
blood	sheep	year
silver	baker	fiddle
gold	sugar	home
salt	honey	kiss
daughter	milk	nut
brother	beer	foot
uncle	rice	cushion
aunt	tea	ear
niece	coffee	weaver
maid	chocolate	wife

Lesen Sie alle diese Wörter mehrere Male laut.

Read all these words several times aloud.

Was ist das ? . . .	Das ist ein Buch.
Was ist dies ? . .	Es ist auch ein Buch.
Ist das auch ein Buch ? .	Nein, Herr Lehrer, es ist ein Tisch.
Ist das nicht ein Bild ? .	Ja, es ist ein Bild.
Ist das ein Buch oder ein Bild?	Es ist ein Buch.
Ist das mein Füllfederhalter ?	Nein, es ist eine Uhr.
Ist das meine Uhr ? . .	Ja, es ist Ihre Uhr.
Wie ist das Buch ? . .	Es ist dünn.
Wie ist der Bleistift ? . .	Er ist lang und rot.
Ist er hier ? . . .	Ja, er ist hier.
Wo ist die Tür ? . .	Sie ist dort.
Wo ist die Kreide ? . .	Sie ist hier.
Ist der Lehrer hier ? . .	Ja, er ist hier.
Sind Sie zu Hause ? . .	Nein, ich bin in der Schule.
Ist das Buch teuer ? . .	Nein, es ist billig.
Ist das Papier sehr billig ? .	Nein, es ist teuer.
Was ist das ? . . .	Ich weiss nicht.
Was ist grün ? . . .	Das Gras ist grün.
Ist die Tinte rot oder blau ? .	Sie ist rot.
Ist das wahr ? . . .	Nein, es ist nicht richtig.
Wo ist die Tafel ? . .	Sie ist dort.
Wer ist dort ? . . .	Der Schüler ist dort.
Wo ist der Schrank ? . .	Ich verstehe nicht.
Wo ist das Buch ? . .	Es ist hier.
Wo ist der Bleistift ? . .	Er ist dort.
Wo ist das Fenster ? . .	Es ist dort.
Haben Sie ein Buch ? . .	Ja, ich habe ein Buch.
Habe ich ein Buch ? . .	Ja, Sie haben ein Buch.
Ist es mein Buch ? . .	Ja, es ist Ihr Buch.
Wer ist hier ? . . .	Hier ist ein Schüler.
Wer is dort ? . . .	Dort ist auch ein Schüler.

Haben Sie alles verstanden ?   Nein, ich habe nicht alles verstanden, aber vieles.

Translation

What is that ?	That is a book.
What is this ?	This is also a book.
Is that also a book ?	No, sir, it is a table.
Is that not a picture ?	Yes, it is a picture.
Is that a book or a picture ?	It is a book.
Is that my fountain pen ?	No, it is a watch.
Is that my watch ?	Yes, it is your watch.
What is the book like ?	It is thin.
What about the pencil ?	It is long and red.
Is it here ?	Yes, it is here.
Where is the door ?	It is there.
Where is the chalk ?	It is here.
Is the teacher here ?	Yes, he is here.
Are you at home ?	No, I am in school.
Is the book expensive ?	No, it is cheap.
Is the paper very cheap ?	No, it is expensive.
What is that ?	I do not know.
What is green ?	The grass is green.
Is the ink red or blue ?	It is red.
Is that true ?	No, this is not correct.
Where is the blackboard ?	It is there.
Who is there ?	The pupil is there.
Where is the cupboard ?	I don't understand.
Where is the book ?	It is here.
Where is the pencil ?	It is there.
Where is the window ?	It is there.
Have you a book ?	Yes, I have a book.
Have I a book ?	Yes, you have a book.
Is it my book ?	Yes, it is your book.
Who is here ?	Here is a pupil.
Who is there ?	There is also a pupil.

Have you understood everything ? No, I have not understood everything, but much.

3. Aufgabe

Adjectives

There are many familiar faces among adjectives too :

alt	jung	old	young
warm	kühl	warm	cool
hohl	voll	hollow	full

hoch .	. tief	high .	. deep
sauer	. süss	sour .	. sweet
neu .	. alt	new .	. old
still .	. laut	quiet .	. loud
dünn	. dick	thin .	. thick
klug .	. dumm	clever .	. dense
hart .	. weich	hard .	. soft
arm .	. reich	poor .	. rich
mild	. rauh	mild .	. rough
mager	. fett	thin .	. fat
kurz	. lang	short .	. long
krank	. gesund	ill .	. sound
wild .	. zahm	wild .	. tame
frei .	. gebunden	free .	. bound
weit .	. nahe	far .	. near
heiss .	. kalt	hot .	. cold

Farben : weiss, rot, grün, blau, orange, gelb, grau, schwarz, golden, silbern, hell, dunkel.

Colours : white, red, green, blue, orange, yellow, grey, black, golden, silver, light, dark.

Note.—(1) Write " strangers " in your Wörterbuch.

(2) When memorizing do not memorize like this : yellow is gelb, gelb is yellow, but form little sentences : The butter is yellow, the book is yellow, etc.

Kinderreim

Eins, zwei, drei
alt ist nicht neu
neu ist nicht alt
warm ist nicht kalt
kalt ist nicht warm,
reich ist nicht arm.

Eins, zwei, drei,
alt ist nicht neu
arm ist nicht reich,
hart ist nicht weich,
frisch ist nicht faul,
Ochs ist nicht Gaul.

Eins, zwei, drei
alt ist nicht neu,
sauer ist nicht süss,
Händ' sind keine Füss',
Füss sind keine Händ',
Das Lied hat ein End'.

More difficult but very useful are :

schwer	. heavy, difficult	hübsch	. pretty
richtig	. correct	höflich	. polite
hell .	. light	ruhig .	. quiet

dunkel	. dark	müde	. . tired
schnell	. quick	betrunken	. drunk
langsam	. slow	billig	. . cheap
nützlich	. useful	teuer	. . expensive
scharf	. sharp	schön	. . beautiful
stumpf	. blunt	hässlich	. . ugly
fleissig	. industrious	gefährlich	. dangerous

For the next Übung : You will find the question : Wie sieht das Gras aus ?

Literally : How looks the grass out ? Which is in good English : What does the grass look like ?

Wie sieht das Buch aus ?	. Es ist rot.
Welche Farbe hat Ihr Buch ?	Es ist grün.
Ist es nicht braun ? .	. Nein, es ist wirklich grün.
Ist der Bleistift kurz ?	. Nein, er ist lang und rund.
Ist er rot ? . .	. Nein, er ist schwarz.
Ist er sehr teuer ? .	. Nein, er ist billig.
Wie ist die Tinte ? .	. Sie ist schwarz.
Was ist auch schwarz ?	. Der Schuh ist auch schwarz.
Sind Sie reich ? . .	. Ja, ich bin sehr reich.
Ist das Schwindel ? .	. Aber natürlich.
Wie ist der Lehrer ? .	. Er ist sehr streng.
Wie ist die Lehrerin ?	. Sie ist freundlich.
Ist das Kind fleissig ?	. Es ist faul.
Was ist heiss ? . .	. Das Feuer ist heiss.
Sind Sie gross ? . .	. Nicht gross, sondern klein
Wer ist gross ? . . .	. Der Riese ist gross.
Wie heisst Riese auf Englisch?	Riese heisst auf Englisch giant.
Ist die Stunde interessant ?	Nein, ich schlafe schon.
Wollen Sie eine Tasse Kaffee haben ?	Nein, bitte ein Glas Rheinwein.
Wollen Sie heimgehen ?	. Nein, Herr Lehrer.
Ist das ein Scherz ? .	. Nein, es ist wahr.

Meine Damen und Herren, wir müssen Schluss machen mit Deutsch ohne Tränen.

Auf Wiedersehen !

Rätsel
Erst weiss wie Schnee,
dann grün wie Klee
dann rot wie Blut,
und isst man es so schmeckt es gut.

Die Kirsche

What colour is the book ? .	It is red.
What colour is your book ?	It is green.
Is it not brown ? . .	It is really green.
Is the lead pencil short ?	No, it is long and round.
Is it red ? . . .	No, it is black.
Is it very expensive ? .	No, it is cheap.
What colour is the ink ?	It is black.
Are you rich ? . .	Yes, I am very rich.
Is that a story ? . .	But naturally.
How is the teacher ? .	He is very strict.
What about the school mistress ? . . .	She is friendly.
Is the child industrious ? .	He (she) is lazy.
What is hot ? . .	The fire is hot.
Are you great ? . .	Not great, but small.
Who is tall ? . . .	The giant is tall.
What does " Riese " mean in English ? . . .	" Riese " is in English, giant.
Is the lesson interesting ?	No, I am already asleep.
Will you have a cup of coffee?	No, please a glass of Rhine wine.
Will you go home ? .	No sir.
Is this a joke ? . .	No, it is true.

Ladies and gentlemen, we must stop with (our) German Without Tears.

Au revoir.

Kinderreim

Vögel, die nicht singen	Birds which not sing.
Glocken, die nicht klingen	Bells which not ring.
Pferde, die nicht springen	Horses which not jump.
Pistolen, die nicht krachen	Pistols which not crack.
Kinder, die nicht lachen	Children who not laugh.
Was sind das für Sachen !	What funny things are these !

Comparison of Adjectives

Comparison of Adjectives in German is nearly the same as in English.

English :	rich	richer	richest
German :	reich	reicher	am reichsten

Differences :

In German :	dankbar	dankbarer	am dankbarsten
In English not :		thankfuller	thankfullst
but :		more thankful	most thankful

RULE : Never use " mehr " or " meist " in German Comparison.

Some adjectives take Umlaut :

kalt (cold)	kälter	am kältesten
jung (young)	jünger	am jüngsten
grob (coarse)	gröber	am gröbsten

Adjectives ending in d, t, or s-sounds form superlative thus :

hart	am härtesten
mild	am mildesten
heiss	am heissesten
kurz	am kürzesten

h becomes ch, ch becomes h : nahe, näher, nächst, hoch, höher, höchst.

Quite irregular are :

gut	. good	viel .	. much	bald	. soon
besser	. better	mehr	. more	eher	. sooner
am besten	best	am meisten	most	am ehesten	soonest

gern is a very tricky word to translate, gern = gladly.

There are expressions in every language which one cannot translate literally ; they are called idioms.

Ich tanze gern . .	. I like dancing.
	I am fond of dancing.
Ich habe das gern .	. I like that.
Ich trinke gern Tee .	. I like to drink tea.
Ich trinke Kaffee lieber	. I like coffee better.
Ich klettere am liebsten	. I like climbing best.

Der Rhein ist der schönste Strom Deutschlands.
Der Rhein ist am schönsten im Mai.

RULE : Use " am " for the superlative if no noun follows.

Er ist so stark wie ein Löwe	.	.	. so	. wie
He is as strong as a lion .	.	.	. as	. as

Er ist nicht so klug wie der Meister . . nicht so wie
He is not as clever as the master . . not as . as
Er ist grösser als die anderen . . . als
He is taller than the others . . . than

The Absolute Superlative

Exceedingly clever = äusserst klug,
highly suspicious = höchst verdächtig.

Das war eine äusserst gefährliche Sache.
That was an extremely dangerous matter.

Er hatte eine höchst merkwürdige Idee.
He had a most peculiar idea.

Das war die allerschönste Überraschung.
That was the most beautiful surprise.

Haben Sie einen Vater ? .	Die meisten Leute haben einen Vater.
Wer hat keinen Grossvater ?	Adam hat keinen Grossvater.
Wer ist die Frau des Onkels ?	Das ist die Tante.
Wer ist der Mann von der Schwester der Ehefrau ?	Das ist der Schwager.
Ist Karl der Name für ein Mädchen ?	Nein, es ist ein Jungenname.
Wer ist älter, Sie oder Ihr Vater ?	Natürlich, ich bin nicht älter.
Trinken Sie lieber Kaffee oder Tee ?	Ich trinke am liebsten Wein.
Ist Leder in Deutschland teuerer als hier ? .	Nein, es ist billiger als in England.
Wie heisst das grösste Land Europas ?	Es heisst Russland.
Was tun Sie am liebsten ? .	Das kann ich nicht sagen.
Welche Sprache ist die schwerste ?	Ich glaube chinesisch.
Was brennt länger, ein Wachs- oder ein Stearinlicht ?	Beide brennen kürzer.
Was ist das höchste Glück auf Erden ?	Lieben und geliebt zu werden.
Sprechen Sie lieber Deutsch oder Französisch ?	Ich spreche am liebsten Englisch.
Wo ist der schönste Fleck in London ?	Das ist der Kleine Kreuzgang in der Westminster Abtei.
Was ist härter als Stahl ? .	Der Diamant ist härter als Stahl.

Wo ist die friedlichste Ehe ? . | Wo der Mann taub ist und die Frau stumm.

Wie heisst der stillste Fisch ? | Das ist die Öl-Sardine.

Ist Ihr Freund älter als Sie ? | Nein, er ist viel jünger.

Sind Sie heute ebenso lustig wie gestern ? | Heute bin ich noch lustiger.

Ist Paris ebenso gross wie London ? | Nein, Paris ist kleiner.

Translation

Have you a father ? . . | Most people have one.

Who has no grandfather ? . | Adam has no grandfather.

Who is the wife of the uncle ? | It is the aunt.

Who is the husband of the wife's sister ? | He is the brother-in-law.

Is Charles the name of a girl ? | No, it is a boy's name.

Who is older, you or your father ? | Naturally, I am not older.

Do you prefer coffee or tea ? | I like wine best.

Is leather in Germany dearer than here ? | No, it is cheaper than in England.

What is the name of the biggest country in Europe ? | It is called Russia.

What do you like doing best ? | I couldn't tell you.

Which language is the most difficult ? | I think Chinese.

What burns longer, a wax or a stearin candle ? | Both burn shorter.

Which is the highest happiness on earth ? | To love and to be loved.

Do you prefer to speak German or French ? | I like best to speak English.

Where is the loveliest spot in London ? | This is the Little Cloisters in Westminster Abbey.

What is harder than steel ? | The diamond is harder than steel.

Where is the most peaceful marriage ? . . . | Where the husband is deaf and the wife mute.

Which is the quietest fish ? . | It is the sardine in oil.

Is your friend older than you ? | No, he is much younger.

Are you today as merry as yesterday ? | Today I am even merrier.

Is Paris as big as London ? . | No, it is smaller.

WORTSCHATZ (word treasure) Vocabulary.

Bäcker (m.)—*baker*
Laden (m.)—*shop*
Sohn (m.)—*son*
er heisst—*he is called*
schon—*already*
Knabe (m.)—*boy*
Liesel—*Bess*
Hans—*John*
immer—*always*
verstanden—*understood*
Kind (n.)—*child*
Spass (m.)—*joke*

Schwager (m.)—*brother-in-law*
Schwägerin (f.)—*sister-in-law*
Eltern (pl.)—*parents*
sie besuchen—*they visit*
wieviele ?—*how many ?*
tut—*does*
sie lieben—*they love*
Onkel (m.)—*uncle*
Tante (f.)—*aunt*
böse—*bad*
ihn—*him*

Familie Müller

Herr Müller ist ein Bäckermeister. Er wohnt in der Bankstrasse 3. Frau Müller hat drei Kinder, zwei Söhne und eine Tochter. Das älteste Kind heisst Hans. Er ist sechs Jahre alt und geht schon in die Schule. Seine Schwester Liesel ist zwei Jahre jünger als ihr Bruder. Der jüngste Knabe heisst Karl. Man nennt ihn Bubi. Er schreit immer.

Onkel Moritz ist der Schwager von Herrn Müller. Er ist ein Polizist und macht immer Spass. Tante Paula ist Herrn Müllers Schwägerin, d.h. die Schwester von Frau Müller.

Fragen

Haben Sie alles verstanden ?	Have you understood everything ?
Wer ist ein Bäckermeister ? .	Who is a baker ?
Wie heisst er ? . .	What is his name ?
Wo ist der Laden ? . .	Where is the shop ?
Wieviele Kinder hat er ?	How many children has he ?
Wie heisst der älteste Knabe ?	What is the name of the eldest boy ?
Wie alt ist Hans ? . .	How old is Hans ?
Ist die Schwester älter als er ?	Is the sister older than he ?
Wer geht in die Schule ? .	Who goes to school ?
Ist Liesel das jüngste Kind ?	Is Liesel the youngest child ?
Was tut Bubi immer ? .	What is the Boy always doing ?
Schreien Sie auch immer ? .	Do you also always cry ?
Wer ist Onkel Moritz ? .	Who is Uncle Maurice ?

Note.—Translate and re-translate The Müller Family.

Write an essay about your own family. Do not be afraid of making mistakes, you learn from them.

Hausinschriften

Klein, aber mein.

Eigen Nest das allerbest

Es ist kein Haus
Ohne eine Maus,
Keine Scheuer ohne Korn,
Keine Rose ohne Dorn.

Mein Haus ist meine Welt
In der es mir gefällt.

Wer Gott vertraut,
Hat wohl gebaut.

An Gottes Segen ist alles gelegen.

Ich bin ein Wandersmann,
Und niemand geht mit mir,
Ich bitte Gott, dass ich den Weg
Zum Himmel nicht verlier.

WORTSCHATZ

klein—*small*
eigen—*own*
allerbest—*very best*
ohne—*without*
Scheuer (f.)—*barn*
Dorn (m.)—*thorn*
Inschrift (f.)—*inscription*
Welt (f.)—*world*
es gefällt—*it pleases*

vertraut—*trusts*
wohl—*well*
gebaut—*built*
Segen (m.)—*blessing*
ist gelegen—*is dependent*
ich bitte—*I pray*
Himmel (m.)—*heaven*
verlieren—*lose*
Wandersmann (m.)—*wanderer*

Note.— Memorize the poems.

4. Aufgabe

Present Tense of sein

ich bin .	. I am	bin ich .	. am I ?
du bist .	. thou art	bist du .	. art thou ?
er ist .	. he is		
sie ist .	. she is	ich bin nicht .	I am not.
es ist .	. it is	du bist nicht .	thou art not.
wir sind	. we are	bin ich nicht ?	am I not ?
ihr seid	. you are	bist du nicht ?	art thou not ?
sie sind	. they are		
Sie sind	. you are		

Observe :

ich is written with small initial.

du is only used when addressing relatives, intimate friends, children, and animals.

ihr is the plural form of **du**, used in the same way.

Sie always with capital is the formal address to grown up people.

man = one : man kann nicht wissen.
one cannot know.

Do not mix it up with English **the man** = der Mann.

Übung.

When conjugating, form little sentences :

Ich bin zu Hause .	.	. I am at home.
Ich bin müde .	.	. I am tired.
Ich bin fertig	.	. I am ready.
Bin ich reich ?	.	. Am I rich ?
Bin ich im Garten ?	.	. Am I in the garden ?
Bin ich nicht geduldig ?		. Am I not patient ?
Wo bin ich ?	.	. Where am I ?
Was bin ich ?	.	. What am I ?
Wie lang bin ich ?	.	. How long am I ?

dieser,	**jener,**	**welcher,**	**jeder**
this	that	which	each, every

These words are called **der-words** because they are used like der (die, das).

der Garten ist gross .	. The garden is large.
dieser Garten ist gross	. this garden is large.
jener Garten ist gross .	. that garden is large.
welcher Garten ist gross ?	. which garden is large ?
jeder Garten ist gross .	. each garden is large.
diese Mühle ist alt .	. this mill is old.
dieses Kleid ist teuer	. this dress is expensive.
jeder Schüler antwortet	. every pupil answers.

" **das** " sometimes to be translated by : this, that, it.

das ist der König .	. that is the King.
das ist die Königin .	. that is the Queen.
das ist die Schwester .	. it is the sister.
das sind Edelsteine .	. these are gems.
es gibt . . .	. there are
es gibt viele Leute .	. there are many people.

Answer with **dieser, jener**, or **jeder**.

Example : Welcher Baum ist hoch ?
           Dieser Baum. . . .
           Jener Baum. . . .
           Jeder Baum ist. . . .
           Nicht jeder Baum. . . .

           Welcher König ist reich ?
           Welche Blume ist rot ?
           Welches Kind ist fleissig ?
           Welcher Finger ist am kürzesten ?
           Welches Haus ist das nächste ?
           Welcher Tag ist am längsten ?
           Welche Blume ist die schönste ?
           Welche Menschen sind die glücklichsten ?

Answer in complete sentences.

Wo spricht man ?

Spanisch ? . . .	Spanien. . . .
Russisch ?. . . .	Russland. . . .
Griechisch. . . .	Griechenland. . . .
Französisch. . . .	Frankreich. . . .
Norwegisch ?. . . .	Norwegen. . . .
Deutsch ? . . .	Deutschland. . . .
Italienisch. . . .	Italien. . . .

Sind Sie zufrieden ?	.	. Are you content ?
Sind Sie müde ?	.	. Are you tired ?
Sind Sie hungrig ?	.	. Are you hungry ?
Sind Sie durstig ?	.	. Are you thirsty ?
Sind Sie ärgerlich	.	. Are you annoyed ?
Sind Sie nervös ?	.	. Are you nervous ?
Sind Sie betrunken ?	.	. Are you drunk ?
Sind Sie wach ?	.	. Are you awake ?
Sind Sie fröhlich ?	.	. Are you merry ?
Sind Sie verheiratet ?	.	. Are you married ?
Sind Sie Lehrer ?	.	. Are you a teacher ?
Sind Sie Schuhmacher ?	.	. Are you a shoemaker ?
Sind sie Schneider ?	.	. Are you a tailor ?
Sind sie Beamter ?	.	. Are you a civil servant ?
Sind Sie Schauspieler ?	.	. Are you an actor ?
Sind Sie Koch ?	.	. Are you a cook ?
Sind Sie Offizier ?	.	. Are you an officer ?
Ist die Frau Beamtin ?	.	. Is the woman a civil servant ?
Ist sie Schneiderin ?	.	. Is she a tailoress ?
Ist sie Waschfrau ?	.	. Is she a laundress ?
Ist sie Ihre Aufwartung ?	.	. Is she your charwoman ?
Wo sind die Bücher ?	.	. Where are the books ?
Sind Sie auf Urlaub ?	.	. Are you on leave ?
Sind Sie auf Ferien ?	.	. Are you on holiday ?
Gibt es hier ein Klavier ?	.	. Is there a piano here ?
Gibt es hier ein Museum ?	.	. Is there a museum here ?

Welches ist der höchste Berg ?	Which is the highest mountain ?
Wo ist das nächste Gasthaus ?	Where is the next inn ?
Wo ist das Meer am tiefsten ?	Where is the sea deepest ?
Welches ist der gefährlichste Beruf ?	Which is the most dangerous profession ?
Wie ist das Wetter heute ? .	What is the weather like today ?

Answer in complete sentences.

Was der Lehrer sagt.   What the Teacher Says.

Übersetzen Sie	.	. Translate.
Wiederholen Sie	.	. Repeat.
Sprechen Sie laut	.	. Speak loud.
Wer ist dran ?	.	. Whose turn is it ?
Sind Sie dran ?	.	. Is it your turn ?

Der nächste, bitte	The next, please.
Antworten Sie mir	Answer me.
Fragen Sie mich	Ask me.
Noch einmal !	Once more !
Das ist falsch	That is wrong.
War das richtig ?	Was that correct ?
Lernen Sie auswendig	Learn that by heart.
Für das nächste Mal	For the next time.
Verstehen Sie mich ?	Do you understand me ?
Ist das klar ?	Is that clear ?
Wie heisst das auf Deutsch ?	What does it mean in German ?
Sprechen Sie alle zusammen	Speak together.
Jetzt ist es besser	It is better now.
Haben Sie die Aufgabe gemacht ?	Have you done your lesson ?
Wer kann mir sagen ?	Who can tell me ?
Zeigen Sir mir.	Show me.
Wieviele Fehler haben Sie gemacht ?	How many mistakes have you made ?
Haben Sie verbessert ?	Have you corrected ?
Weiter, bitte !	Continue, please.
Lesen Sie vor !	Read to me.
Passen Sie auf !	Pay attention !
Sehen Sie her	Look here.
Geben Sie die Hefte ab !	Hand in the copy books.
Beschreiben Sie das Bild !	Describe the picture !
Wer kann das raten ?	Who can guess ?
Wollen wir eine Pause machen ?	Shall we have a break ?
Haben Sie das vergessen ?	Have you forgotten ?
Haben wir das besprochen ?	Have we discussed it ?
Ist das zu schwer ?	Is that too difficult ?

5. Aufgabe

Present Tense of haben

ich habe	I have	habe ich	have I
du hast	thou hast	hast du	hast thou
er hat	he has	etc.	
sie hat	she has	ich habe nicht	I have not
es hat	it has	du hast nicht	thou hast not
		etc.	
wir haben	we have	Habe ich nicht?	have I not ?
ihr habt	you have	hast du nicht?	hast thou not?
sie haben	they have	etc.	
Sie haben	you have		

das ist der Hammer	Ich habe den Hammer
	ich habe einen Hammer
	ich habe diesen Hammer
	ich habe ihn
das ist die Blume	ich habe die Blume
	ich habe eine Blume
	ich habe diese Blume
	ich habe sie
das ist das Buch	ich habe das Buch
	ich habe ein Buch
	ich habe dieses Buch
	ich habe es

Exercise.

Conjugate : ich habe Hunger, keine Zeit, viel Geld
habe ich Glück, Geduld, etwas zu essen ?
habe ich jetzt Ruhe, es richtig zu lernen ?

but: two translations in German ; " **aber** " and
" **sondern.** "

She is not beautiful but very kind.
Sie ist nicht schön, aber sehr gütig.

She is not beautiful but very plain.
Sie ist nicht schön, sondern sehr unansehnlich.

RULE : sondern means " on the contrary."

Word Order

If you put an adverbial phrase or an object in front of the subject then the word order changes :

Er hat einen Hut in der Hand.	In der Hand hat er einen Hut.
Ich habe am Freitag Zeit.	Am Freitag habe ich Zeit.
Er ist nun müde.	Nun ist er müde.
Es ist dort.	Dort ist es.

Redensarten (Phrases).

Ich habe Eile . . .	I am in a hurry.
Ich habe Angst . . .	I am frightened.
Ich habe Langeweile .	I am bored.
Ich habe recht . .	I am right.
Ich habe Lust* . . .	I should love to. . . .
Ich habe Hunger .	I am hungry.
Ich habe es satt (slang)	I am fed up.
Ich habe keine Ruhe .	I have no rest.
Ich habe keine Ahnung	I have no idea.

WORTSCHATZ

man sieht—*one sees*	Junge (m.)—*boy*
Pult (n.)—*desk*	gesagt—*said*
Tafellappen (m.)—*duster*	Stunden (pl.)—*lessons*
Schwamm (m.)—*sponge*	unangenehm—*disagreeable*
schreiben—*write*	Unterbrechung (f.)—*interruption*
rechnen—*reckon, do sums*	Ferien (pl.)—*holidays*
zeichnen—*draw*	Schularbeiten (pl.)—*home work*
Geschichte (f.)—*history*	nachsitzen—*be detained*
Erdkunde (f.)—*geography*	Ecke (f.)—*corner*
Turnen (n.)—*gymnastics*	Ostern (pl.)—*Easter*
Handfertigkeit (f.)—*handicraft*	Prüfung (f.)—*examination*
Fach (n).—*subject*	bekommen—*receive*
Stundenplan (m.)—*time table*	Zensuren (pl.)—*marks*
Schwänzer (m.)—*truant*	gelernt—*learned*
bummeln—*loiter*	sitzen bleiben—*stay down*
nimmt—*takes*	bim bim—*ding dong*
Stock (m.)—*stick, cane*	nichts—*nothing*
klopfen—*knock*	ganz—*quite*
Hosen (pl.)—*trousers*	aus—*out, finished*

Hans erzählt von der Schule

Unsere Schule ist ganz neu.   Im Klassenzimmer sieht man ein Pult, eine Wandtafel, viele Schulbänke, eine Wandtafel mit Tafellappen, Schwamm und Kreide.   Unsere Lehrerin

---

* Lust (f.) = joy, intention, lustig = merry.
  Lust = not English " lust."

heisst Fräulein Franke. Sie lehrt uns: Lesen, Schreiben, Rechnen und Zeichnen. Herr Lehrer Brauer gift uns Geschichte, Erdkunde, Turnen und Handfertigkeit. Alle Fächer stehen auf dem Stundenplan. Ich gehe gern zur Schule, aber Fritz Gross ist ein Schwänzer, er geht lieber bummeln. Dann nimmt Herr Brauer den Stock und klopft ihn auf die Hosen.

Ein grosser Junge sagt immer: Die Stunden sind eine unangenehme Unterbrechung der Ferien. Das ist sehr dumm. Schularbeiten mache ich nicht sehr gern. Aber wer faul ist, muss nachsitzen und in der Ecke stehen.

Vor Ostern haben wir Prüfungen. Wir bekommen Zensuren. Wer nichts gelernt hat, muss sitzen bleiben.

Wenn die Schule aus ist, gehen wir nach Hause und singen:
Bim bim bim die Schul' ist aus
Und wir gehen nun nach Haus.

Fragen

Was ist neu? Wie ist die Schule? Wo ist das Pult? Was ist im Klassenzimmer? Wie heisst die Dame? Was ist Fräulein Franke? Ist sie eine Zeichenlehrerin? Wer lehrt Erdkunde? Ist Herr Franke ein Turnlehrer? Wer geht nicht gern in die Schule? Ist Fritz fleissig oder faul? Wer nimmt den Stock? Hast Du Ferien? Wer hat Ferien? Wer macht Schularbeiten nicht gern? Machst Du die Aufgaben gern? Muss Hans nachsitzen? Willst Du in der Ecke stehen? Wer hat Prüfung? Hast Du Prüfung in Deutsch? Bekommst Du Zensuren? Hat der Lehrer einen Stock? Hast Du viel gelernt? Kannst Du ein Klassenzimmer zeichnen? Wollen Sie den Lehrer zeichnen? Ist die Stunde aus?

War die Aufgabe schwer?   . Was the lesson difficult?

Können Sie mir ein Beispiel Can you give me an example? nennen?

Machen Sie eine freie   . Make a free translation. Übersetzung.

Übersetsen Sie ganz wörtlich Translate quite literally.

Wiederholen Sie den ganzen Repeat the whole sentence. Satz.

Schreiben Sie die Anmerkung Copy the Note. ab.

Schlagen Sie auf : Seite 39	Open page 39.
Lesen Sie die ersten zwei Sätze	Read the first two sentences.
Ergänzen Sie die Wortfamilie "tun"	Complete the word family "to do."
Beendigen Sie den vorletzten Abschnitt	Finish the last paragraph but one.
Was wissen Sie von der Silbentrennung ?	What do you know about the division of syllables ?
Ist meine Handschrift leserlich ?	Is my handwriting legible ?

Zufrieden sein ist eine Kunst,
Zufrieden scheinen ist nur Dunst,
Zufrieden werden grosses Glück,
Zufrieden bleiben Meisterstück.

Haben Sie Hunger ?	Are you hungry ?
Ja, ich habe grossen Hunger	Yes, I am very hungry.
Habe ich auch Hunger ?	Am I hungry too ?
Wer hat Hunger ?	Who is hungry ?
Haben Sie Angst ?	Are you frightened ?
Wer hat Angst ?	Who is frightened ?
Ich habe (keine) Angst	I am (not) frightened.
Warum haben Sie Angst ?	Why are you afraid ?
Weil ich nicht fleissig war	Because I have not worked hard.
Haben Sie Eile ?	Are you in a hurry ?
Nein, ich habe keine Eile	No, I am not in a hurry.
Haben Sie Lust, jetzt zu singen ?	Would you like to sing now?
Ich habe keine Lust zu singen	I do not want to sing.
Wer hat Lust, mit mir zu spielen ?	Who would care to play with me ?
Wer hat eine gute Idee ?	Who has a good idea ?
Haben Sie nicht eine bessere Idee ?	Have you not a better idea?
Das ist ein Bleistift. Habe ich recht ?	This is a pencil. Am I right?
Nein, Sie haben unrecht.	No, you are wrong.
Wer hat recht, ich oder Sie ?	Who is right, I or you ?
Keiner hat recht.	Nobody is right.
Beide haben unrecht.	Both are wrong.
Haben Sie ein Buch ?	Have you a book ?
Nein, ich habe kein Buch.	No, I have no book.

Nein, mein Nachbar hat ein Buch	No, my neighbour has a book.
Haben Sie etwas zu trinken ?	Have you anything to drink ?
Ja, ich habe Lagerbier.	. Yes, I have Lager beer.
Wer hat etwas zu essen ?	. Who has anything to eat ?
Was habe ich in der Hand ?	What have I in my hand ?
Sie haben eine Zeitung.	. You have a newspaper.
Habe ich Ihr Geld ? .	. Have I your money ?
Nein, ich habe mein Geld. .	. No, I have my money.

6. Aufgabe

Present Tense of Verbs

ich lebe	I live	lebe ich ?	do I live ?
due lebst	thou livest	lebst du ?	doest thou live ?
er lebt	he lives		
sie lebt	she lives	ich lebe nicht	I do not live
es lebt	it lives	du lebst nicht	thou doest not live
wir leben	we live		
ihr lebt	you live	lebe ich nicht ?	do I not live ?
sie leben	they live	lebst du nicht ?	doest thou not live
Sie leben	you live		

Note.

(1) A Verb consists of **stem** and **ending** : **leb-en.** When conjugating add ending to stem.

(2) Questions and negative are formed without **tun = to do** :
    lebe ich = live I ?=correct English : do I live ?
    ich lebe nicht = I live not = I do not live.

(3)   ich lebe $\begin{cases} \text{I live} \\ \text{I am living} \end{cases}$ $\Big\{$ no difference in German.

(4)   Some Verbs change vowel :

sprechen (speak)	nehmen (take)	Sehen (see)	fahren (fare)
ich spreche	ich nehme	ich sehe	ich fahre
du sprichst	du nimmst	du siehst	du fährst
wir sprechen	wir nehmen	wir sehen	wir fahren

(5) **If the** stem ends in **d, t, s, sch** then you must put est instead of only st :

arbeiten (work)	du arbeitest
reiten (ride)	du reitest
reisen (travel)	du reisest or reist

(6) **Imperative :** use the formal address inverted :

Sie kommen = you come.   Kommen Sie ! = Come !
Sie schreiben = you write.   Schreiben Sie ! = Write !

Here are some useful Verbs :

kaufen   = buy : ich kaufe, er kauft, kaufen Sie.
verkaufen = sell : ich verkaufe, er verkauft, verkaufen Sie.
laufen   = run : ich laufe, er läuft, laufen Sie.
halten   = hold : ich halte, er hält, halten Sie.
finden   = find : ich finde, er findet, finden Sie.
suchen   = seek : ich suche, er sucht, suchen Sie.
geben   = give : ich gebe, er gibt, geben Sie.
bringen = bring : ich bringe, er bringt, bringen Sie.
nähen   = sew : ich nähe, er näht, nähen Sie.
lachen   = laugh : ich lache, er lacht, lachen Sie.
weinen   = weep : ich weine, er weint, weinen Sie.
warten   = wait : ich warte, er wartet, warten Sie.
treffen = meet : ich treffe, er trifft, treffen Sie.
zahlen   = pay : ich zahle, er zahlt, zahlen Sie.
stellen = put : ich stelle, er stellt, stellen Sie.
öffnen   = open : ich öffne, er öffnet, öffnen Sie.
schliessen = close : ich schliesse, er schliesst, schliessen Sie.

Separable and Inseparable Verbs

In some Verbs the Prefix can be separated :

aufstehen = stand up :	but ;
ich stehe auf	wenn ich aufstehe
annehmen = accept : ich nehme an	wenn ich annehme
aufmachen = open : ich mache auf	wenn ich aufmache
zusehen = watch : ich sehe zu	wenn ich zusehe
wiederkommen = come back	wenn ich wierdekomme

Inseparable Verbs with **ver, zer, ent, be, ge** :

zerreissen = tear : ich zerreisse	wenn ich zerreisse
verreisen = go away : ich verreise	wenn ich verreise
betrachten = consider : ich betrachte	wenn ich betrachte
gebieten = rule : ich gebiete	wenn ich gebiete

Verb and Noun

Wer malt, ist ein Maler.
Wer dichtet, ist ein Dichter.
Wer singen kann, ist ein Sänger.
Wenn ich schreibe, bin ich ein Schreiber.
Wenn man lehrt, ist man ein Lehrer.
Wer reiten kann, ist ein Reiter.
Wer gern spielt, ist ein Spieler.
Wer schneidern gelernt hat, ist ein Schneider.
Wer im Wasser schwimmt, ist ein Schwimmer.
Wer tanzt, ist ein Tänzer.
Wer eine Rede hält, ist ein Redner.
Leute, die etwas können, sind Künstler.

Handlungsfolge.   Series of Actions

ich stehe auf	I get up
ich nehme ein Bad	I take a bath
ich putze die Zähne	I clean my teeth
ich kämme mein Haar	I comb my hair
ich trinke Kaffee	I drink coffee
ich esse ein Brötchen	I eat a roll
ich nehme mein Frühstück	I take my breakfast
ich gehe zur Arbeit	I go to work
ich gehe ins Büro	I go to the office
ich esse zu Mittag	I eat dinner
ich komme nach Hause	I come home
ich ruhe ein wenig	I rest a bit
ich drehe das Radio an	I turn on the radio
ich lese die Abendzeitung	I read the evening paper
ich esse Abendbrot	I eat supper
ich gehe zu Bett	I go to bed

Exercises.   Use Imperatives: Stehen Sie auf! etc.

WORTSCHATZ

wohnen—*live*	Kommode (f.)—*chest of drawers*
Wohnung (f.)—*flat*	Küche (f.)—*kitchen*
Ferien (pl.)—*holidays*	Koch (m.)—*cook*
möbliert—*furnished*	elektrisch—*electrical*
Teppich (m.)—*carpet*	Herd (m.)—*stove*
mehrere—*several*	Geschirr (n.)—*crockery*
Schrank (m.)—*cupboard*	Wasserleitung (f.)—*water supply*
Zimmer (n.)—*room*	ausgiessen—*pour out*
Kleid (n.)—*dress*	Ausguss (m.)—*sink*
natürlich—*naturally*	Heizung (f.)—*heating*

Ein Haus für die Ferien

In den Ferien nehmen wir ein möbliertes Haus. Im Wohnzimmer sind ein Teppich, ein Tisch, mehrere Stühle und ein Bücherschrank. Die Möbel des Schlafzimmers sind : ein Bett, ein Waschtisch, ein Kleiderschrank und eine Kommode. In der Küche findet man einen elektrischen Herd, einen Küchentisch, einen Geschirrschrank und natürlich die Wasserleitung mit Ausguss. Alle Zimmer haben Zentralheizung.

Der Strand ist nicht weit, und wir können den ganzen Tag in der Sonne liegen. Ist das nicht fein? Wollen Sie uns besuchen und ein Wochenende bei uns bleiben ? Das Wetter ist wunderbar.

FRAGEN

Wer nimmt eine Wohnung ?	Who takes a flat ?
Was für eine Wohnung ist es ?	What kind of a flat is it ?
Haben Sie einen Bücherschrank ?	Have you a bookcase ?
Ist Ihr Bett zweischläfrig ?	. Have you a double bed ?
Ist Ihre Kommode aus Eiche ?	Is your chest of drawers made of oak ?
Ist die Küche hell und sauber?	Is the kitchen bright and clean ?
Wo heben sie die Teller auf ?	Where do you keep the plates ?
Ist der Ausguss aus Zement ?	Is the sink made of cement ?
Sind Sie mit der Heizung zufrieden ? . .	Are you satisfied with the heating ?

Der nervöse Mieter

Ein Herr sagt zu einem Mieter, der über ihm wohnt : „ Sie wecken mich jede Nacht, wenn Sie Ihre Schuhe ausziehen und auf den Fussboden werfen. Ich bin nervös und kann nicht wieder einschlafen."

„ Verzeihen Sie," antwortet der andere, „ das soll nie wieder vorkommen."

In der nächsten Nacht wirft der Mieter von oben den ersten Schuh auf die Erde, erschrickt und setzt den zweiten Schuh vorsichtig hin. Nach drei Stunden klopft es an die Tür, und der nervöse Herr sagt : „ Bitte, ziehen Sie doch den andern Schuh auch aus, damit ich schlafen kann."

WORTHFAMILIEN COGNATES

Haus (n.)—*house*	wohnen—*dwell, live*
Haut (f.)—*hide, skin*	Wohnung (f.)—*dwelling, flat*
Hut (m.)—*hat*	bewohnen—*inhabit*
hüten—*heed*	Einwohner (m.)—*inhabitant*
verhüten—*prevent*	verwöhnen—*spoil*
behutsam—*careful*	gewöhnlich—*common*
Hütte (f.)—*hut*	Gewohnheit (f.)—*habit*

Sprichwörter

Nichts ist so elend als der Mann,
der alles will und der nichts kann.

Nothing so miserable as the man
who wills everything and can (do) nothing.

Der Sperling in der Hand ist besser als die Taube auf dem
Dach.

The sparrow in the hand is better than the pigeon on the
roof.

Es ist nichts so fein gesponnen,
Es kommt endlich an die Sonnen.

In the end, everything comes to light.

7. Aufgabe

Declension

Nominative :	the man is here (who ?)	**der** Mann is hier
	the woman is here	**die** Frau ist hier
	the child is here	**das** Kind ist hier

Genitive :

the house of the man (whose ?)	das Haus **des** Mannes
„ „ „ woman	**der** Frau
„ „ „ child	**des** Kindes

Dative :

I give to the man (to whom ?)	ich gebe **dem** Manne
,, ,, woman	der Frau
,, ,, child	**dem** Kinde

Accusative : I see the man (whom ?) ich sehe **den** Mann

| ,, ,, woman | **die** Frau |
| ,, ,, child | **das** Kind |

Singular

Nom. :	der Mann	die Frau	**das** Kind
	ein ,,	eine ,,	ein ,,
Gen. :	des Mannes	der Frau	des Kindes
	eines ,,	einer ,,	eines ,,
Dat. :	dem Manne	der Frau	dem Kinde
	einem ,,	einer ,,	einem ,,
Acc. :	den Mann	die Frau	das Kind
	einen ,,	eine ,,	ein ,,

Plural

Nom. :	die Männer	die Frauen	die Kinder
Gen. :	der Männer	der Frauen	der Kinder
Dat. :	den Männern	den Frauen	den Kindern
Acc. :	die Männer	die Frauen	die Kinder

Note.—There are Nouns which form slightly different endings. It is best you learn this by practice. Memorise whole sentences and poems.

Declension of Adjectives

Singular

Nom. :	der gute Mann	die gute Frau
Gen. :	des guten Mannes	der guten Frau
Dat. :	dem guten Manne	der guten Frau
Acc. :	den guten Mann	die gute Frau

das gute Kind
des guten Kindes
dem guten Kinde
das gute Kind

Plural

Nom. :	die guten Männer	die guten Frauen
Gen. :	der guten Männer	der guten Frauen
Dat. :	den guten Männern	den guten Frauen
Acc. :	die guten Männer	die guten Frauen

die guten Kinder
der guten Kinder
den guten Kindern
die guten Kinder

WORTSCHATZ

Wilhelm—*William*
Johann—*John*
Spaziergang (m.)—*walk*
Heide (f.)—*heather, moor*
Mühle (f.)—*mill*
Dorf (n.)—*village*
fahren—*ride*
Strassenbahn (f.)—*tram*
wandern—*wander*
Wald (m.)—*forest*
jetzt, nun—*now*
Baum (m.)—*tree*
Buche (f.)—*beech*
Linde (f.)—*lime tree*
Eiche (f.)—*oak*
Birke (f.)—*birch*
Nadelbaum (m.)—*conifer*
Strauch (m.)—*bush*
Holunder (m.)—*elder*
Teich (m.)—*pond*
Seerose (f.)—*water-lily*

setzen sich—*seat themselves*
nieder—*down*
belegte Schnitten (pl.)—*sandwiches*
schmeckt—*tastes*
Reh (n.)—*roe*
zahm—*tame*
pflücken—*pick*
Eltern (pl.)—*parents*
Vergissmeinnicht (n.)—*forget-me-not*
Marguerite (f.)—*daisy*
Glockenblume (f.)—*harebell*
lieblich—*lovely*
Gesang (m.)—*song*
Fink (m.)—*finch*
Amsel (f.)—*blackbird*
Drossel (f.)—*thrush*
Rotkehlchen (n.)—*robin redbreast*
grausam—*cruel*
Käfig (m.)—*cage*
erwidert—*replies*

Der Spaziergang

Wilhelm, Friedrich und Johann sind gute Freunde. Sie machen zusammen einen Spaziergang. Sie gehen nach Heidemühle. Das ist ein kleines Dorf nicht weit von der Stadt, Zuerst fahren sie mit der Strassenbahn. Dann wandern sie zu Fuss, Jetzt sind sie im Walde. Sie sehen viele Bäume : Buchen, Linden, Eichen, Birken und auch Nadelbäume. Es sind wenige Sträucher im Walde, nur ein paar Haselnuss-sträucher und Holunderbüsche. Hier ist ein schöner Teich mit Seerosen. Die drei Knaben setzen sich nieder und essen ihre belegten Schnitten. Das schmeckt fein. Im Walde singen die kleinen Vögel. Hören Sie den lieblichen Gesang

der Finken, Amseln, Drosseln und Rotkehlchen? „ Es ist grausam, wenn man Vögel in einem Käfig hält," sagt Wilhelm. ,, Das denke ich auch," erwidert Johann.

Was kommt da? Es ist ein Rehbock mit seiner Rehfamilie. Die Tiere sind ganz zahm. Aber die Zeit ist um. Nun gehen die Jungen nach Hause. Sie pflücken schöne Blumen für ihre guten Eltern : Vergissmeinnicht, Margueriten, und Glockenblumen. Das ist ein feiner Strauss.

FRAGEN

Wie heissen die drei Freunde ?	What are the three friends called ?
Was machen sie ?	What are they doing ?
Wohin gehen sie ?	Where do they go ?
Wo liegt das Dorf ?	Where is the village situated ?
Fahren sie mit dem Rad ?	Do they ride on a bicycle ?
Können Sie radfahren ?	Can you cycle ?
Was findet man im Walde ?	What does one find in the wood ?
Was hören die Knaben ?	What do the boys hear ?
Welche Vögel kennen Sie ?	Which birds do you know ?
Gibt es Rehe in der Stadt ?	Are there deer in the town ?
Lieben Sie Blumen sehr ?	Are you very fond of flowers ?
Wie heisst Ihre Lieblingsblume ?	Which is your favourite flower ?

Heideröslein

Sah ein Knab ein Röslein stehn,
Röslein auf der Heiden,
War so jung und morgenschön,
Lief er schnell, es nah zu sehn,
Sah's mit vielen Freuden.
Röslein, Röslein, Röslein rot,
Röslein auf der Heiden.

Knabe sprach : Ich breche dich,
Röslein auf der Heiden.
Röslein sprach : Ich steche dich,
Dass du ewig denkst an mich,
Und ich will's nicht leiden.
Röslein, Röslein, Röslein rot,
Röslein auf der Heiden.

2*

Und der wilde Knabe brach
's Röslein auf der Heiden,
Röslein wehrte sich und stach,
Half ihm doch kein Weh und Ach,
Musst es eben leiden.
Röslein, Röslein, Röslein rot,
Röslein auf der Heiden.—Goethe.

Sprichwörter

Allen Leuten recht getan
Ist eine Kunst, die niemand kann.

Morgen, morgen, nur nicht heute
Sprechen alle faulen Leute.

Kein Unglück ist so gross,
Es hat ein Glück im Schoss

8. Aufgabe

Prepositions with Dative

The following Prepositions govern the Dative:

mit,   nach,   bei,   von,   zu,   aus.

mit = with :

Ich gehe mit dem Bruder.	I go with the brother.
Ich gehe mit der Mutter.	I go with the mother.
Ich gehe mit dem Kinde.	I go with the child.

nach = after :

nach dem Essen.	after the meal.
nach der Arbeit.	after (the) work.

bei = near :

bei der Tür.	near the door.

= at :

beim Bäcker.	at the baker's.

von = of :

ein Freund von mir.	a friend of mine.

= from :

ein Gruss von ihm.	a greeting from him.
= about :	
eine Geschichte von Räubern.	a story about robbers.
= by :	
geschrieben von mir selbst.	written by myself.
zu = to :	
er geht zum Richter.	he goes to the judge.
= at :	
ich bin zu Haus.	I am at home.
aus = out of :	
Er kommt aus dem Haus.	He comes out of the house.
= made of :	
aus Holz gemacht.	made of wood.
= from :	
aus der Schweiz.	from Switzerland.
aus allen Richtungen.	from all directions.

German children learn this rhyme :
Bei : **mit, nach, bei,**
        von, zu, aus
        ist der Dativ stets zu Haus.

WORTSCHATZ

jäten—*weed*	wahrscheinlich—*probably*
giessen—*water*	Maulwurf (m.)—*mole*
Schubkarren (m.)—*wheelbarrow*	schädlich—*pernicious*
Möhre (f.)—*carrot*	Eidechse (f.)—*lizard*
Bohne (f.)—*bean*	Igel (m.)—*hedgehog*
Spinat (m.)—*spinach*	vertilgen—*destroy*
gesät—*sown*	Ungeziefer (n.)—*vermin*
Kohl (m.)—*cabbage*	Nelke (f.)—*pink*
Kohlrabi (m.)—*kohl rabi*	Levkoje (f.)—*stock*
Salat (m.)—*lettuce*	Stiefmütterchen (n.)—*pansy*
Spargel (m.)—*asparagus*	Rittersporn (m.)—*larkspur*
Gurke (f.)—*cucumber*	Mohn (m.)—*poppy*
Petersilie (f.)—*parsley*	graben—*dig*

Der Garten

Herr Müller hat einen Garten, einen schönen, grossen Garten.
Jeden Tag geht er nach seinem Garten, um dort zu arbeiten.
Hans geht mit ihm. Der Garten ist nicht weit von dem
Hause. ,, Was wollen Sie heute tun ? '' fragt der Knabe.
,, Ich muss jäten, pflanzen und den Garten giessen. Bitte
hole mir den Spaten und die Giesskanne.'' ,, Soll ich auch den
Schubkarren holen ? ''   ,, Nein, der ist zu schwer.''   ,, Was
haben Sie dieses Jahr gepflanzt ? ''   ,, Ich habe Möhren,

Bohnen, Erbsen und Spinat gesät. Auf diesen Beeten sind :
Kohl, Kohlrabi, Salat und Rettige.   Der Blumenkohl
kommt später. Der Spargel sieht gut aus. Am meisten freue
ich mich über die Gurken." ,, Haben Sie auch Petersilie ? "
,, Die Petersilie sieht kränklich aus. Wahrscheinlich ist ein
Maulwurf unter dem Beet."   ,, Sind Spinnen schädliche
Insekten ? "   ,, O nein, Spinnen, Eidechsen und Igel sind
die besten Freunde des Gärtners, sie vertilgen Ungeziefer."
,, Wie heissen diese Blumen ? " ,, Das sind Nelken, Levkojen,
Stiefmütterchen und Mohn, dort sind Rittersporn und
Reseda. Aber die Rose ist die Königin der Blumen," Herr
Müller sagt : ,, Ich will nicht mehr graben, ich muss jetzt
nach Hause gehen. Die Gartenarbeit macht müde."

Seit wann besitzen Sie den Garten ?	How long have you owned the garden ?
Kann ich ein wenig helfen ?	Can I help a bit ?
Wo soll ich anfangen ?.	Where shall I start ?
Soll ich die Hecken beschneiden ?	Shall I trim the hedges ?
Hatten Sie schöne Tulpen ?.	Had you nice tulips ?
Arbeiten Sie gern hier ?	Do you like working here ?
Wo ist der Brunnen ? .	Where is the well ?
Wo ist der Schlauch ? .	Where is the hose ?
Halten Sie Hühner ?	Do you keep poultry ?
Machen sie viel Schaden ?	Do they do much damage ?
Wie heisst diese Raupe ?	What is the name of this caterpillar ?
Züchten Sie Schmetterlinge ?	Do you breed butterflies ?
Haben Sie Pilze ?	Do you grow mushrooms ?
Lieben Sie Goldlack und Reseda ?	Do you like wallflowers and mignonette ?
Haben Sie auch Kürbisse ?	Have you also pumpkins ?
Werden Kürbisse eingelegt ?.	Are pumpkins pickled ?
Welche Küchenkräuter haben Sie ?	What kitchen herbs have you?
Verkaufen Sie Blumen ?	Do you sell flowers ?
Welche Sorten von Rosen haben Sie ?	What sorts of roses have you ?
Ist die Sonnenuhr aus Marmor ?	Is the sun dial made of marble ?
Ist diese Walze nicht zu schwer ?	Is this roller not too heavy ?

Wann ernten Sie Kartoffeln ?	When do you lift potatoes ?
Haben Sie Büsche im Obstgarten ? . . .	Have you bushes in your orchard ?
Hatten Sie Nachtfrost ? .	Had you night frost ?
Verwenden Sie Düngemittel ?	Do you use fertilizers ?
Haben Sie diese Schaukel selbst gemacht ? . .	Have you made this swing yourself ?
Gibt es hier ein Sonnenbad ?	Is there a sunbath here ?
Haben Sie gute Nachbarn ? .	Have you good neighbours ?
Haben Sie einen Grasmäher ?	Have you a grassmower ?
Wo ist die Sichel ? . .	Where is the sickle ?

Weisst du, wieviel Sternlein stehen
An dem blauen Himmelszelt ?
Weisst du, wieviel Wolken gehen
Weithin über alle Welt ?
Gott der Herr hat sie gezählet,
Dass ihm auch nicht eines fehlet
An der ganzen grossen Zahl.

Weisst du wieviel Mücklein spielen
In der hellen Sonnenglut ?
Wieviel Fischlein auch sich kühlen
In der hellen Wasserflut ?
Gott der Herr rief sie mit Namen,
Dass sie all ins Leben kamen,
Dass sie nun so fröhlich sind.

Weisst du, wieviel Kinder frühe
Stehen aus ihrem Bettlein auf ?
Dass sie ohne Sorg' und Mühe
Fröhlich sind im Tageslauf ?
Gott im Himmel hat an allen
Seine Lust, sein Wohlgefallen,
Kennt auch dich und hat dich lieb.

                              Wilhelm Hey.

WORTSCHATZ

Himmel (m.)—*heaven, sky*	hell—*bright*
Zelt (n.)—*tent*	fröhlich—*merry*
Wolke (f.)—*cloud*	Sorge (f.)—*worry*
gezählt—*counted*	Mühe (f.)—*trouble*
Mücke (f.)—*midget, gnat*	Lust (f.)—*joy*
spielen—*play*	Wohlgefallen (n.)—*pleasure*

9. Aufgabe

Prepositions with Accusative

The following Prepositions require the Accusative : **durch, für, ohne, gegen.**

durch = through

Wir reiten durch den Wald	We ride through the forest.
Er geht durch die Menge .	He goes through the crowd.
Alles geschieht durch mich	Everything is done by me.

für = for, to

Eine Warnung für Diebe .	A warning to thieves.
Ich spreche für den Ange-klagten	I speak for the accused.
Beten Sie für mich . .	Pray for me.

gegen = against

Es ist gegen meinen Willen .	It is against my will.
Wir kämpfen gegen das Unrecht	We fight against injustice.

Note.—

(1)

durch das	= durchs :	durchs Feuer
für das	= fürs :	fürs Heimatland
in das	= ins :	ins Wasser
in dem	= im :	im Wasser
an dem	= am :	am Wasser

(2) für ihn, für sie, für es = dafür.
Was haben Sie **für den** Bleistift bezahlt ?
Was haben Sie **dafür** bezahlt ?

(3) Capital letters after **etwas** and **nichts** :

Ich weiss nichts Neues.	I know nothing fresh.
Etwas Interessantes.	Something interesting.

WORTSCHATZ

Nachbar (m.)—*neighbour*
stören—*disturb*
kochen—*cook*
Kloss (m.)—*dumpling*
Art (f.)—*kind*
freilich—*surely*
erwidert—*replied*
schälen—*peel*

reiben—*grate*
Mehl (n.)—*flour*
mischen—*mix*
fertig—*ready, finished*
Sauerkraut (n.)—*pickled cabbage*
Bratwurst (f.)—*fried sausage*
Magen (m.)—*stomach*
das stimmt—*that's correct*

In der Küche

Frau Lorenz ist in der Küche. Da klopft es. ,, Herein.''
Wer ist es ? Es ist Frau Schneider, die Nachbarin. Sie
sagt : ,, Ich will nicht stören. Aber ich sah durchs Fenster
vom Garten, dass Sie allein sind. Wollen Sie mir helfen ?
Mein Mann hat Geburtstag, und ich will ihm etwas Feines
kochen.'' ,, Ich koche gerade Klösse auf sächsische Art.
Wollen Sie zusehen ? '' ,, Freilich,'' sagt Frau Schneider,
,, ich sehe gern zu, aber noch lieber will ich helfen.'' ,, Gut,
das ist mir sehr lieb. Bitte schälen Sie zuerst die Kartoffeln,
dann müssen wir sie reiben. In der Zwischenzeit will ich
zum Bäcker gehen.'' ,, Bitte bringen Sie mir etwas Kuchen
mit und ein paar Semmeln.'' ,, Mit Vergnügen.'' ,, Nun
bin ich wieder da. Sind Sie fertig mit dem Reiben und
Schälen ? '' ,, Was soll ich nun tun ? '' ,, Wir wollen die
Klösse ins] Wasser tun, sie müssen eine halbe Stunde
kochen.''
,, Und was essen wir zu den Klössen ? '' ,, Ich denke,
Sauerkraut und Bratwurst.'' ,, Wollen wir nicht zusammen
essen ? '' ,, O nein, ich danke vielmals. Mein Mann will
mich den ganzen Tag allein haben.'' ,, Auf Wiedersehen
und besten Dank für Ihre freundliche Hilfe.''

Sprichwörter

Hunger ist der beste Koch.
Die Liebe geht durch den Magen.

Wie hat das Sauerkraut geschmeckt ? . . .	How did the pickled-cabbage taste ?
Grossartig, mein Mann war entzückt . . .	Magnificent, my husband was delighted.
Was halten Sie von der englischen Küche ? . .	What do you think of English cooking ?

Ich bin zu höflich, ich will nichts sagen	I am too polite, I will not say anything.
Was ist falsch daran ?	What is wrong with it ?
Man weiss nicht, wie Kraut behandelt wird.	One does not know how to treat cabbage.
Aber jetzt hat man's gelernt.	But now one has learnt.
Ja, sonst kommen keine Touristen.	Yes, otherwise no tourists will come.
Wo isst man am besten ?	Where does one eat best ?
Ich denke in Warschau	I think in Warsaw.
Was halten Sie von der Wiener Küche ?	What do you think of Viennese cooking ?
Wunderbare Mehlspeisen.	Wonderful pastry.
Haben Sie ein gutes Kochbuch ?	Have you a good cookery book ?
Nur eine Sammlung von Rezepten	Only a collection of recipes.
Wo kocht man den besten Kaffee ?	Where does one make the best coffee ?
In Österreich	In Austria.
Kennen Sie das Geheimnis ?	Do you know the secret ?
Sehr einfach : Kaffee soll nie Metall berühren	Very simple : Coffee must not touch metal.
Wie lange kocht man ?	How long does one boil it ?
Nicht kochen, kochendes Wasser auf den Kaffee giessen.	No boiling, pour boiling water on the coffee.
Wie lange lassen Sie ziehen ?	How long do you allow it to draw ?
Ungefähr 2 Minuten	About 2 minutes.
Wie behandelt man die Milch ?	How do you treat milk ?
Milch darf nicht kochen	Milk must not come to the boil.
Wollen Sie zu meinem Damenkaffee kommen ?	Will you come to my hen party ?
Ich bin lieber in gemischter Gesellschaft	I prefer mixed company.
Ist das Ihr Ernst ?	Are you serious ?
Ja, sonst spricht man nur von Dienstboten und Kindern.	Otherwise one talks only about servants and children.
Treiben Sie Politik ?	Do you go in for politics ?
Ich interessiere mich mehr für Kunst und Dichtung	I am more interested in art and poetry.

Wie heisst Ihr Lieblings-dichter ? . . .	Who is your favourite poet ?
Ich lese täglich Hölderlin .	Daily I read Hölderlin.
Schriftstellern Sie selbst ? .	Do you write yourself ?
Ich schreibe für eine Zeitung	I am writing for a newspaper.

Handlungsfolge. Series of Actions

Ich brenne ein Streichholz an	**I light a match**
Ich nehme eine Streichholz-schachtel	I take a matchbox.
Ich mache sie auf . .	I open it.
Ich nehme ein Streichholz heraus	I take out a match.
Ich reibe es am Sandpapier .	I rub it on the sandpaper.
Ich sehe die Flamme . .	I see the flame.
Ich blase das Feuer aus .	I blow out the flame.
Ich tue es noch einmal. .	I do it again.
Ich sehe den Rauch . .	I see the smoke.
Ich brenne meine Zigarre an	I light my cigar.
Ich werfe das Streichholz weg	I throw the match away.

Ich mache Kartoffelsalat   I Make Potato Salad

Ich zerschneide gekochte Kartoffeln	I cut up boiled potatoes.
Ich lege dünne Scheiben in die Schüssel	I put thin slices in the bowl.
Ich schneide rote Rüben und Zwiebeln	I cut beetroots and onions.
Ich tue dasselbe mit einem Apfel.	I do the same with an apple.
Ich schneide ein paar Sar-dellen	I mince a few sardines.
Ich wiege Petersilie . .	I mince parsley.
Ich schneide eine saüre Gurke in Scheiben	I cut slices from a pickled cucumber.
Ich mische alles in der Schüssel	I mix everything in the dish.
Ich giesse Essig darauf .	I pour vinegar on it.
Ich lasse 2 Stunden ziehen .	I let it draw for 2 hours.
Ich habe Salz vergessen .	I have forgotten salt.

Sprichwort

Alte soll man ehren,
Junge soll man lehren,
Weise soll man fragen,
Narren just ertragen.

10. Aufgabe

Prepositions Governing Dative or Accusative

The following Prepositions govern either the Dative or the Accusative : **an, auf, hinter, neben, in, über, unter, vor, zwischen.**

an = on, to, at	**neben** = beside, by	**unter** = under
auf = on, to, for	**in** = in	**vor** = before
hinter = behind	**über ,** = over, across	**zwischen** = between

Example :

Ich stehe in dem Garten	. I stand in the garden.
Ich arbeite in dem Garten	. I work in the garden.
Ich gehe in den Garten	. I go into the garden.

RULE :

The Dative is used after **where, i.e., if a position** or **motion in a place** is indicated.

The Accusative is used after **where to ?** or **whither ?** i.e., when a **motion towards a place** is indicated.

Ich stehe an dem Baume	. I stand at the tree.
Ich gehe an den Baum	. I go to the tree.
Das Bild ist an der Wand	. The picture is on the wall.
Ich hänge das Bild **an die** Wand	I hang the picture on the wall.
Der Baum steht an dem Hause	The tree stands by the house.
Ich gehe an das Haus .	. I go to the house.
Der Vogel sitzt auf dem Baume	The bird sits on the tree.
Er fliegt auf den Baum	. It flies on the tree.
Das Kind spielt auf der Wiese	The child plays in the meadow.
Es geht auf die Wiese .	. He goes to the meadow.
Die Taube sitzt auf dem Dach	The pigeon sits on the roof.
Sie fliegt auf das Dach.	. It flies on the roof.

WORTSCHATZ

Buche (f.)—*beech*
Keller (m.)—*cellar*
Wiese (f.)—*meadow*
Wurzel (f.)—*root*
Dach (n.)—*roof*
Wipfel (m.)—*top*
Geäst (n.)—*branches*
Specht (m.)—*woodpecker*
Werkstatt (f.)—*workshop*
geschickt—*clever*
Zimmermann (m.)—*carpenter*
Schnabel (m.)—*beak*
hackt—*cuts*
Loch (n.)—*hole*
pocht—*knocks*
fliehen—*flee*
fängt—*catches*

stolz—*proud*
Eichhorn (n.)—*squirrel*
trägt—*wears*
Rock (m.)—*coat*
Protz (m.)—*snob*
sammelt—*collects*
Samen (m.)—*seed*
Frucht (f.)—*fruit*
sonst—*otherwise*
fressen—*eat*
manchmal—*sometimes*
Hirsch (m.)—*stag*
Förster (m.)—*forester*
Liebespaar (n.)—*loving couple*
leise—*silent*
lächeln—*smile*

Die alte Buche

Auf einer grossen Wiese mitten im Walde steht eine alte Buche. Sie ist die Heimat für viele Tiere, gross und klein, und für viele Vögel. Unten im Keller oder zwischen den Wurzeln wohnt Frau Maus. Sie ist immer hungrig, und sie hat immer Eile. Auf dem Dache, und auf dem höchsten Wipfel, wohnen und singen viele kleine Musikanten.

Im Geäste oder zwischen den Ästen hat der Specht seine Werkstatt. Er ist ein geschickter Zimmermann. Mit seinem langen Schnabel hackt er tiefe Löcher in den Stamm des Baumes. Er pocht an die Rinde. Die kleinen Insekten fliehen nach der anderen Seite. Schnell kommt Meister Specht und fängt sie.

Ein sehr stolzer Herr ist das Eichhörnchen. Es trägt einen feinen bunten Rock, ein richtiger Protz. Sein Nest ist seine Schatzkammer. Hier sammelt es im Sommer Samen und Früchte, sonst hat es im Winter nichts zu fressen.

Manchmal stehen Hirsche und Rehe unter dem Baume. Manchmal kommt der Förster und sieht sich den Baum an. Manchmal sitzt ein Liebespaar unter der alten Buche. Aber sie sehen sich nicht den Baum an. Die alte Buche ist froh und lächelt ganz leise, so wie nur Bäume und Blumen lächeln können.

Die Gäste der Buche

Mietegäste vier im Haus
hat die alte Buche.
Tief im Keller wohnt die Maus,
nagt am Hungertuche.

Stolz auf seinen roten Rock
und gesparten Samen
sitzt ein Protz im ersten Stock :
Eichhorn ist sein Namen.

Weiter oben hat der Specht
seine Werkstatt liegen,
hackt und zimmert kunstgerecht,
dass die Späne fliegen.

Auf dem Wipfel im Geäst
pfeift ein winzig kleiner
Musikante froh im Nest.
Miete zahlt nicht einer.

Baumbach.

WÖRTER ZUM GEDICHT

Miete (f.)—*rent*	kunstgerecht—*artistically*
Gast (m.)—*guest*	Span (m.)—*chip*
Tuch (n.)—*cloth*	pfeift—*whistles*
gespart—*saved*	fliegen—*fly*
oben—*above*	winzig—*wee*

Note.—Er nagt am Hungertuche means (literally) he gnaws at the hunger cloth = he is starving.

Wo steht die Buche ? . .	Where does the beech stand ?
Was steht im Walde ? . .	What stands in the wood ?
Wer sind die Gäste der Buche?	Who are the guests of the beech ?
Wer wohnt im Wipfel ?	Who lives in the top of the tree ?
Wo wohnt sie ? . . .	Where does it live ?
Wohnen Sie auch im Keller ?	Do you also live in the cellar ?
Ist es auf dem Boden dunkel oder hell ? . .	Is it dark or bright in the attic ?
Sind alle Vögel Musikanten ?	Are all birds musicians ?
Kann der Storch singen ? .	Can the stork sing ?
Haben Sie ein Eichhörnchen im Walde gesehen ? . .	Have you seen a squirrel in the wood ?
Warum ist das Eichhorn so stolz ?	Why is the squirrel so proud ?
Haben Sie einen Schatz ? .	Have you a treasure ?
Wer steht unter dem Baume ?	Who stands under the tree ?
Wer kommt auch zu ihm ?	Who also comes to it ?

Können Blumen lächeln ? oder kichern ?	Can flowers smile ? or giggle ?
Weinen Sie manchmal ?	Do you sometimes cry ?
Wie heissen die Mieter der Buche ?	What are the names of the tenants ?
Zahlen sie Miete ?	Do they pay rent ?
Zahlen Sie Miete ?	Do you pay rent ?
Welcher Baum hat Eicheln ?	Which tree has acorns ?
Der Eichbaum hat Eicheln	The oak has acorns.
Was hat die Buche ?	What has the beech got ?
Sie hat Bucheckern	It has beech-nuts.
Wie heisst Ihr Lieblingsbaum ?	Which is your favourite tree ?
Das ist die Linde	It is the lime tree.
Kennen Sie noch andere Bäume ?	Do you know other trees ?
Ich kenne die Zeder, die Fichte, den Ahorn und den Ölbaum	I know the cedar, pine, maple and olive tree.
Welches Holz ist sehr hart ?	Which wood is very hard ?
Das Ebenholz	Ebony
Hat die Pappel auch hartes Holz ?	Has the poplar hard wood too ?
Pappelholz ist sehr weich	Poplar wood is very soft.
Woraus macht man Bleistifte Speere, Dielen, Gewehrkolben?	Of what does one make pencils, spears, floorboards, rifle butts ?
Zedernholz, Esche, Fichte, Walnuss	Ceder, ash, deal, walnut.
Wer macht Schubkarren ?	Who makes wheel barrows ?
Der Stellmacher .	The cartwright.
Wer fertigt Schränke ?	Who makes cupboards ?
Der Schreiner	The cabinet maker.
Wer baut Geigen ?	Who makes violins ?
Der Geigenbauer	The violin maker.
Was tut der Drechsler ?	What does the turner do ?
Er dreht Stuhlbeine usw.,	He turns legs of chairs, etc.
Was macht der Holzschnitzer?	What does the woodcarver make ?
Er schnitzt Holzfiguren	He carves wooden figures.
Wer macht Fässer ?	Who makes barrels ?
Der Böttcher	The cooper.
Nennen Sie kleine Holzgegenstände	Name small wooden objects.

Die Wäscheklammer	The peg.
Der Holzkeil	The wooden wedge.
Der Dübel für die Wand	The plug for the wall.
Der Zahnstocher	The toothpick.
Die Holzperle	The wooden bead.
Wer verwendet Sperrholz ?	Who uses plywood ?
Der Flugzeugbauer	The builder of aeroplanes.
Was baut der Zimmermann ?	What does the carpenter make ?
Er baut das Dach	He builds the roof.
Was kann man mit Holz tun ?	What can you do with wood ?
Man kann es sägen, bohren, hobeln, spalten, polieren	Saw, bore, plane, cleave, polish.
Wie kann man starkes Holz biegen ?	How can one bend thick wood ?
Man lässt es lange kochen	Let it boil for a long time.
Welches Holz brennt am besten ?	Which wood burns best ?
Das Holz der Lärche	Larch wood.
Womit beizt man Holz ?	With what do you stain wood?
Mit brauner Beize	With brown stain.
Ist das Furnier gut geleimt ?	Is the veneer well glued ?
Der Tischler sucht ein Brett	The joiner is looking for a board.
Er prüft es lange	He examines it a long time.
Er misst es	He measures it.
Er sägt es mit der Säge	He saws it with the saw.
Die Sägespäne fallen herunter	Sawdust falls down.
Er schraubt das Brett in den Schraubstock	He screws the board in the vice.
Er hobelt die Oberfläche	He planes the surface.
Hobelspäne fallen auf die Erde	Shavings fall on the ground.
Er bohrt ein Loch, zwei Löcher	He bores one hole, two holes.
Das Brett liegt auf der Hobelbank	The board lies on the work bench.
Er nimmt noch einmal Mass.	He takes the measurement again.
Er hat sich verrechnet	He has miscalculated.
So eine Schweinerei	What a mess.

WORTFAMILIEN

Buche (f.)—*beech*	schneiden—*cut*
Buchstabe (m.)—*letter*	schnitzen—*carve*
buchstabieren—*spell*	Schneider (m.)—*tailor*
Buchdrucker (m.)—*printer*	Schnitt (m.)—*cut*
Buchbinder (m.)—*bookbinder*	Abschnitt (m.)—*paragraph*
Buchhandlung (f.)—*bookshop*	Schnitzel (n.)—*cutlet*
Bücherei (f.)—*library*	Schnitte (f.)—*slice of bread*
buchen—*make entry*	Durchschnitt (m.)—*cross section*

Sprichwörter

Gott lässt die Bäume nicht in den Himmel wachsen.

Auf einen Hieb fällt kein Baum.

Wie's in den Wald schreit, so schallt es zurück.

Auf einen groben Klotz gehört ein grober Keil.

Mancher sieht den Wald vor Bäumen nicht.

Lieber Leser,
Wir sind schon eine lange Zeit zusammen gewandert. Wo stehen wir heute ? Ehe ich diese Frage beantworte, will ich Sie etwas fragen.

Haben Sie alle neuen Wörter in Ihr Wörterbuch geschrieben ? Haben Sie jeden Tag laut gesprochen ? Haben Sie Sprichwörter und Gedichte auswendig gelernt ? Wenn Sie das alles getan haben, dann kann ich Ihnen ehrlich sagen : der schwerste Teil unserer Arbeit ist getan. Noch ein wenig Sprachlehre und mehr Wörter, und dann kommt die Belohnung : Interessante Geschichten und schöne Gedichte.

Diesen Rat zum Abschied : Wiederholen Sie jeden Tag ein paar Seiten aus dem Lesebuch und in Ihrem Wörterbuch. Bilden Sie Fragen, schreiben Sie Briefe, und haben Sie keine Angst vor Fehlern. Und immer laut sprechen.

Ihr
treuer Lehrer,
P. F. D.

Dear Reader,
We have travelled together for quite a long time. Where do we stand today ? Before I answer I will ask you a few questions.

Have you written all the new words into your vocabulary ? Have you spoken aloud every day? Have you memorized the

poems? If you have done all this then I can tell you honestly: the most difficult part of our work is done. A bit more of grammar and more words and then comes the reward : interesting stories and beautiful poems.

This advice by way of goodbye : repeat every day a few pages from your Reader and in your Vocabulary. Form questions, write letters, do not be afraid of mistakes. And always speak aloud.

Your faithful teacher,
P. F. D.

11. Aufgabe

Numbers

Grundzahlen Cardinals

1	eins	40	vierzig
2	zwei	50	fünfzig
3	drei	60	sechzig
4	vier	70	siebzig
5	fünf	80	achtzig
6	sechs	90	neunzig
7	sieben	100	(ein) hundert
8	acht	101	hunderteins
9	neun	102	hundertzwei
10	zehn	110	hundert (und) zehn
11	elf	120	hundertzwanzig
12	zwölf	121	hundert einundzwanzig
13	dreizehn	130	hundert (und) dreissig
14	vierzehn	200	zweihundert
15	fünfzehn	1000	(ein) tausend
16	sechzehn	1001	tausendeins
17	siebzehn	1100	tausendeinhundert
18	achtzehn		
19	neunzehn		

Ordnungszahlen Ordinals

20	zwanzig		
21	einundzwanzig	1st	der erste
22	zweiundzwanzig	2nd	der zweite
23	dreiundzwanzig	3rd	der dritte
30	dreissig	4th	der vierte
		5th	der fünfte

6th	der sechste	14th	der vierzehnte
7th	der siebente	15th	der fünfzehnte
8th	der achte	16th	der sechzehnte
9th	der neunte	17th	der siebzehnte
10th	der zehnte	18th	der achtzehnte
11th	der elfte	19th	der neunzehnte
12th	der zwölfte	20th	der zwanzigste
13th	der dreizehnte		

Lesen Sie zuerst langsam, dann schneller :

2	12	20	22	23	32	345	789
3	13	30	33	53	35	346	768
4	14	40	44	74	47	475	878
5	15	50	55	85	78	856	648
6	16	60	66	76	67	756	864
7	17	70	77	47	74	289	958
8	18	80	88	98	89	639	873
8	19	90	99	49	94	654	498

1946—neunzehnhundertsechsundvierzig

1066	1215	1666	1871	1914	2046

der Bruch, die Brüche = the fraction, the fractions.

(1) Gewöhnliche Brüche = vulgar fractions :

$\frac{1}{2}$ = ein halb ; $\frac{1}{4}$ = ein viertel ; $\frac{3}{4}$ = drei viertel

$$\frac{1}{2} = \frac{\text{Zähler}}{\text{Nenner}}$$

(2) Dezimalbrüche (decimal fractions) are read thus :

15, 25   read : 15 Komma 25

1 Reichsmark (Rm.) hat 100 Reichspfennige (Rpf.)

10, 50   read 10 Mark 50 Pfennige.

1 Meter (m) hat 100 Zentimeter (cm.)

1 Kilometer (km.) hat 1000 Meter

1 inch = 2,54 cm.   read : 2 Komma 54

1 foot = 30, 48 cm. read : 30 Komma 48

1 mile = 1609,3 m. read : 1609 Komma 3

1 Liter = (1) = 1000 ccm.

1 pint = 0,57 l

Grosse Musiker

Bach	lebte von	1685	bis	1750
Händel		1685	—	1759
Mozart		1756	—	1791
Beethoven		1770	—	1827
Wagner		1813	—	1883

Note.—All numerals remain unchanged with the exception of " eins " : ein Mann, ein-e Frau, ein Kind.

Cognates

WORTFAMILIEN   COGNATES

eins

einsam—*lonely*
einig—*united*
einzeln—*single*
einfach—*simple*
einmal—*once*
uneinig—*disunited*
Einsiedler (m.)—*hermit*
Verein (m.)—*club*

zwei

zweimal—*twice*
Zweifel—*doubt*
Zwiebel (f.)—*onion*

Zwilling (m.)—*twin*
Zwieback (m.)—*rusk*
Zwirn (m.)—*twist*
Zwist (m.)—*quarrel*
Zwielicht (n.)—*twilight*
Zwitter (m.)—*bastard*
zwischen—*between*
Zweig (m.)—*twig*
Zweigespräch (n.)—*dialogue*
Zweikampf (m.)—*duel*
zwicken—*tweak*
zweideutig—*ambiguous*
zweierlei—*different = two different things*

Zungenbrecher = tonguebreaker = tongue twister :

66 Schock sächsische Schuhzwecken (1 Schock = 2 score ; Zwecke = hob-nail.)

Lesen Sie das schnell sechsmal !

Aus der Rechenstunde

Ein Schulinspektor sagt zur Klasse : „ Wer kann mir eine zweistellige Zahl nennen ? " Ein Knabe ruft : „ 56." Der Inspektor schreibt an die Wandtafel 65. „ Noch eine Zahl ! " Ein anderer Junge sagt : „ 37." An der Tafel erscheint 73. „ Noch eine Zahl," sagt der grosse Mann im schwarzen Rock. Aber die Klasse sitzt mäuschenstill.

Endlich sagt eine leise Stimme : „ 11." Lange Pause. „ Was sagt dein Nachbar zu dir ? " fragt der Herr Inspektor einen Knaben. „ Er sagt : Kann der alte Esel wenigstens das schreiben ? "

Zeit. Die Uhr. Time. The Clock.

WORTSCHATZ

Uhr (f.)—*watch, clock*
Zeiger (m.)—*hand*
Zifferblatt (n.)—*dial*
Taschenuhr (f.)—*pocket watch*
Armbanduhr (f.)—*wristwatch*
Sonnenuhr (f.)—*sundial*
Sanduhr (f.)—*hourglass*
Uhrmacher (m.)—*watchmaker*

Uhrfeder (f.)—*spring*
Stunde (f.)—*hour, lesson*
Uhrkette (f.)—*watchchain*
Pendel (n.)—*pendulum*
Wecker (m.)—*alarm clock*
Reparatur (f.)—*repair*
schlagen—*strike, chime*

Wie spät ist es ?   What is the time ?

12.05	12 Uhr fünf
12.10	12 Uhr 10
12.15	ein viertel eins
12.30	ein halb eins
12.35	12 Uhr fünfunddreissig
12.45	dreiviertel eins
12.50	Zehn Minuten vor eins
1.00	Punkteins
	Esist ein Uhr.

Die Woche
  Sonntag
  Montag
  Dienstag
  Mittwoch
  Donnerstag
  Freitag
  Sonnabend

Die Jahreszeiten
  Frühling, Sommer,
  Herbst und Winter
  Sind die lieben
  Gotteskinder

Die Monate
  Januar
  Februar
  März
  April
  Mai
  Juni
  Juli
  August
  September
  Oktober
  November
  Dezember

Wichtige Tage
  Weihnachten
  Neujahr
  Ostern
  Himmelfahrt
  Pfingsten
  Fastnacht
  Aschermittwoch
  Karfreitag
  Geburtstag
  Hochzeit
  Taufe

Red Letter Days
  Xmas
  New Year
  Easter
  Ascension Day
  Whitsuntide
  Shrove Tuesday
  Ash Wednesday
  Good Friday
  Birthday
  Wedding
  Baptism

Wo löse ich die Fahrkarte ?	Where do I get the ticket ?
Am Schalter 19	Booking Office 19.
Nehmen Sie einfache Karte ?	Do you take single ?
Es ist besser Rückfahrkarte	It is better return.
Haben Sie Monatskarte ?	Do you take a season ticket ?
Nein, es ist nicht billiger	No, it is not cheaper.

Müssen wir die Karten vorzeigen ?	Must we show our tickets ?
Ja, an der Sperre . .	Yes, at the barrier.
Wer knipst ? . . .	Who clips them ?
Ein Beamter . . .	An official.
Wann fährt der Zug ab ?	When does the train start ?
Dort ist der Fahrplan .	There is the time-table.
Wann ist die Ankunft ?	When does it arrive ?
Fragen Sie den Stations-vorsteher	Ask the station master.
Ist dies für Nichtraucher ?	Is this for non-smokers ?
Es ist ein Damenabteil	It is a ladies compartment.
Wo ist Ihr Koffer ? .	Where is your suit-case ?
Der Gepäckträger hat ihn	The porter has it.
Ist das ein Personenzug ?	Is this a slow train ?
Nein, ein Schnellzug .	No, it is a fast train.
Muss ich umsteigen ? .	Do I have to change ?
Nein, es ist ein durchgehen-ver-Zug	No, it is a through train.
Wo ist die Handtasche ?	Where is the handbag ?
Im Gepäcknetz . .	In the luggage rack.
Wo ist der Speisewagen ?	Where is the dining-car ?
Hinter dem Gepäckwagen	Behind the luggage van.
Bitte, einsteigen . .	All aboard, please.
Bitte, Platz nehmen .	Take your seats, please.
Hat der Zug Verspätung ?	Is the train late ?
Warum hält der Zug ? .	Why does the train stop ?
Die Strecke ist nicht frei	The line is not free.
Wo haben wir Aufenthalt ?	Where is a stop ?
In München, 15 Minuten .	In Munich, 15 minutes.
Der Schaffner bittet um die Fahrkarten . . .	The conductor asks for the tickets.

WORTSCHATZ

Rundbahn (f.)—*circle train*	zuerst—*at first*
aussteigen—*alight*	jedesmal—*each time*
erwidert—*replies*	Schub (m.)—*push*
erkundigt—*enquires*	hoppla !—*oi !*
Fahrgast (m.)—*passenger*	schiebt—*pushes*
Nordseite (f.)—*north side*	Wagen (m.)—*carriage*
Abteil (n.)—*compartment*	Tod (m.)—*death*
Ecke (f.)—*corner*	Zug (m.)—*draught*
Witzblatt (n.)—*comic paper*	zanken—*quarrel*
schliesst—*shuts*	beiseite—*aside*
schreit—*cries*	stirbt—*dies*
ersticke—*suffocate*	geschah—*happened*

Auf der Ringbahn

Eine dicke, alte Frau sitzt in der Ringbahn und weint. Ein Herr fragt sie : ,, Warum weinen Sie, liebe Frau ? " ,, Weil ich nicht aussteigen kann," erwidert die Frau. ,, Aber warum steigen Sie nicht aus ? " erkundigt sich der Fahrgast. ,, Ja, sehen Sie," antwortet sie, ich bin sehr dick. Ich muss mit der Rückseite zuerst aussteigen. Jedesmal, wenn der Schaffner mich so sieht, gibt er mir einen Schub sund sagt : ,, Hoppla, Mutter," und schiebt mich wieder in den Wagen.

Im Zuge

Zwei Damen steigen in ein Abteil. Ein Herr sitzt in der Ecke und liest ein Witzblatt.

Die erste Dame schliesst das Fenster. Darauf schreit die zweite Dame : ,, Ich ersticke, wenn Sie das Fenster schliessen." Die erste Dame schreit : ,, Es ist mein Tod, wenn ich in dem Zuge sitze." Sie fangen an zu zanken. Der Schaffner kommt. ,, Was soll ich tun ? " Der Herr nimmt ihn beiseite und sagt : ,, Schliessen Sie das Fenster, dann stirbt die eine Dame. Öffnen Sie dann das Fenster, und die zweite stirbt."

Ich weiss nicht, was geschah.

12. Aufgabe

Imperfect Tense

sein = to be		haben = to have	
ich war	. I was	ich hatte	. I had
du warst	. thou wert	du hattest	. thou hadst
er war	. he was	er hatte	. he had
sie war	. she was	sie hatte	. she had
es war	. it was	es hatte	. it had
wir waren	. we were	wir hatten	. we had
ihr wart	. you were	ihr hattet	. you had
sie waren	. they were	sie hatten	. they had
Sie waren	,, you were	Sie hatten	. you had

Note.—Conjugate this repeatedly, but form little sentences: ich war in der Stadt,—auf dem Berge,—bei der Buche, etc. War ich im Walde ?—auf der Wiese ?—mit dem Förster ?

etc.   Ich hatte eine gute Tante,—ein neues Buch—etc.
Hatte ich viel Geld ?—einen Brief ?—einen Bleistift ?

The imperfect of verbs is formed by adding " te " to the
stem : lieb-en, lieb-**te** loved arbeit-en, arbeit-e-te.

It is similar to the English love—lov-ed. When a word
ends in d or t like arbeit-en then one inserts an **e** : arbeit-e-te,
bet-e-te.

ich lieb-**te** .	. I loved	ich arbeite-**te**	. I worked
du lieb-**test**	. thou loved	du arbeite-**test**	thou worked
er lieb-**te** .	. he loved	er arbeite-**te**	. he worked
sie lieb-**te** .	. she loved	sie arbeite-**te**	. she worked
es lieb-**te** .	. it loved	es arbeite-**te**	. it worked
wir lieb-**ten**	. we loved	wir arbeite-**ten**	we worked
ihr lieb-**tet** .	. you loved	ihr arbeite-**tet**	. you worked
sie lieb-**ten** .	. they loved	sie arbeite-**ten**	. they worked
Sie lieb-**ten**	. you loved	Sie arbeite-**ten**	. you worked

WORTSCHATZ

führen—*take, guide*
berühmt—*famous*
genannt—*called*
Krug (m.)—*mug, inn*
Kranz (m.)—*wreath*
geheiratet—*married*
gefeiert—*celebrated*
nahm—*took*
Ort (m.)—*locality*
Stelle (f.)—*place*
Ober (kellner) (m.)—*head (waiter)*
Herrschaften (pl.)—*ladies and gentlemen*
wählte—*chose*

Vorspeise (f.)—*hors d'œuvre*
Genuss (m.)—*treat*
schmecken—*taste*
vorzüglich—*excellent*
Gang (m.)—*course*
brachte—*brought*
Backhuhn (n.)—*roast chicken*
Bissen (m.)—*bite*
hob—*raised*
stiess an—*clinked glasses*
Fürst (m.)—*prince*
Etui (n.)—*case*
Sahne (f.)—*cream*
Schatz (m.)—*sweetheart*
zärtlich—*tenderly*

Im Restaurant

Gestern führte Herr Schumann seine junge Frau in ein
altes, berühmtes Weinrestaurant, genannt ,, Zum Krug
im grünen Kranze.'' Vor einem Jahre hatte er seine Grete
geheiratet, und der Hochzeitstag musste natürlich gefeiert
werden. Herr Schumann nahm ein Auto, und bald waren sie
an Ort und Stelle. Der Ober fragte : ,, Wünschen die
Herrschaften Menü zu zehn Mark ? '' Herr Schumann be-
stellte nach der Karte. Zuerst wählte er Kaviar als Vorspeise.
Das war ein Hochgenuss. Die Suppe schmeckte vorzüglich.

Der nächste Gang war Forelle.   ,, Der Fisch muss schwimmen,'' meinte Herr Schumann, und er wählte eine Flasche Liebfrauenmilch von der Weinkarte.   Nun brachte der Ober Backhuhn mit Spargel.   ,, Die sind von guten Eltern,'' lächelte Grete, als sie den ersten Bissen kostete. Ihr Mann hob das Weinglas und sagte :   ,, Auf die liebste, beste, süsseste kleine Frau in der Welt.''   Frau Grete stiess an :   ,, Auf den besten Mann in allen Welten.''

Als Nachtisch servierte der Kellner Erdbeereis.   Leider hatte er nicht mehr Fürst Pückler-Eis.   Herr Schumann holte eine gute Zigarre aus dem Etui.   Der Herr Ober brachte Kaffee mit Sahne.   Die junge Frau sagte :   ,, Das war ein herrliches Essen.''   ,, Wir sind noch nicht ganz fertig,'' antwortete ihr Mann und legte ein Schächtelchen auf den Tisch.   Was war darin ?   Ein wunderbarer Rubinring.   ,, O Schatz, ich muss dir dafür. . . .''   ,, Nicht hier,'' sagte Herr Schumann zärtlich.   Als die beiden Arm in Arm nachhause gingen war es heller Mondenschein—sagte Frau Grete ihrem Manne etwas ins Ohr.   Können Sie raten, was es war ?

Haben Sie die Geschichte verstanden ? . . .	Have you understood the story ?
Kennen Sie Herrn Schumann?	Do you know Herrn Schumann ?
Wissen Sie, was er von Beruf ist ?	Do you know what his profession is ?
Halten Sie ihn für einen Arzt ?	Do you take him for a doctor ?
Denken Sie, er ist ein Rechtsanwalt ?	Do you think he is a lawyer ?
Wie heisst seine Frau ?	What is his wife's name ?
Kennen Sie ihren Spitznamen ?	Do you know her nickname ?
Nennt ihr Mann sie nicht Pussy ?	Does her husband not call her Pussy ?
Gefällt Ihnen dieser Name ?	Do you like this name ?
Hat die junge Frau ihren Geburtstag ? . . .	Has the young wife her birthday ?
Wann war die Hochzeit ?	When was the wedding ?
Waren Sie eingeladen ?	Were you invited ?
Kennen Sie die Schwiegereltern ?	Do you know the parents-in-law ?
Wie heisst das Hotel ?	What is the name of the hotel ?

Ist es sehr teuer dort ?	Is it very expensive there ?
Ist das Essen gut ?	Is the food good ?
Lieben Sie die Hamburger Küche ?	Do you like Hamburg cooking ?
Was isst man zuerst ?	What does one eat first ?
Ziehen Sie Suppe vor oder hors d'œuvre ?	Do you prefer soup or hors d'œuvre ?
Wollen Sie zulangen ?	Will you help yourself ?
Messer, Gabeln und Löffel fehlen	Knives, forks, and spoons are missing.
Was sagen Sie da ?	What do you say to that ?
Ist Lammbraten besser als in England ?	Is lamb better than in England ?
O, gar kein Vergleich	Oh, there is no comparison.
Was meinen Sie damit ?	What do you mean by that ?
Es ist viel besser in England	It is much better in England.
Wie kommt das ?	How is that ?
Ich will mich erkundigen	I will make enquiries.
Essen Sie gern Wildbret ?	Do you like game ?
Ich kann es nicht leiden	I cannot stand it.
Die Deutschen wissen, wie man es zubereitet	The Germans know how to cook it.
Darf ich Ihnen etwas reichen?	May I help you ?
Wollen Sie sich selbst bedienen ?	Will you help yourself ?
Sind Sie oft eingeladen ?	Are you often invited ?
Gefällt Ihnen das ?	Do you like it ?
Gehen Sie oft zu Gesellschaften ?	Do you often go to parties ?
Wie heisst Ihr Nachbar ?	What is your neighbour's name ?
Ist er Ihnen vorgestellt worden ?	Has he been introduced to you ?
Wo haben Sie ihn getroffen ?	Where have you met him ?
Spricht er gut Deutsch ?	Does he speak German well ?
Wieviele Sprachen sprechen Sie ?	How many languages do you speak ?
Trinken Sie gern Wein ?	Do you like wine ?
Können Sie viel vertragen ?	Can you stand much ?
Sind Sie mitunter betrunken ?	Are you sometimes drunk ?
Kennen Sie Katzenjammer ?	Do you know " hangover " ?

Bekommt Ihnen Sekt ?	Does champagne agree with you ?
Rauchen Sie nach dem Essen ?	Do you smoke after dinner ?
Stört es Sie, wenn ich Pfeife rauche ?	Do you mind if I smoke a pipe ?
Hatten Sie genug ?	Are you satisfied ?
Wollen wir ins andere Zimmer gehen ?	Shall we go to the next room ?
Trinken Sie Kaffee schwarz oder weiss ?	Do you drink black or white coffee ?
Ist er zu stark ?	Is it too strong ?
Wie lange bleiben Sie in Köln ?	For how long will you stay in Cologne ?
Gefällt es Ihnen hier ?	Do you like it here ?
Wollen wir einen Bummel machen ?	Shall we have a stroll ?
Gehen Sie gern unter Leute ?	Do you like to mix with crowds ?
Soll ich den Kellner rufen ?	Shall I call the waiter ?
Lassen Sie mich bezahlen !	Let me pay !
Wieviel Trinkgeld gibt man ?	How much tip does one give?
Ist 10 Prozent genug ?	Is 10 per cent enough ?
Ist das nicht eine dumme Einrichtung ?	Is that not a silly custom ?
Wollen wir nun gehen ?	Shall we go now ?
Hatten Sie einen Regenschirm ?	Had you an umbrella ?
Haben Sie meine Handschuhe gesehen ?	Have you seen my gloves ?
Wollen Sie erst die Hände waschen ?	Will you wash your hands first ?
Ich muss einen Augenblick zum Fernsprecher .	I must go to the 'phone for a moment.
Wollen Sie draussen warten ?	Will you wait outside ?
Sind Sie ein guter Fussgänger ?	Are you a good walker ?
Soll ich eine Taxe nehmen ?	Shall I take a taxi ?
Haben Sie das neue Kino gesehen ?	Have you seen the new Cinema ?

Die verkehrte Welt

Des Abends, wenn ich früh aufsteh',
des Morgens, wenn ich zu Bette geh',
dann krähen die Hühner, dann gackelt der Hahn,
dann fängt das Korn zu dreschen an.
Die Magd, die steckt den Ofen ins Feuer,
die Frau, die schlägt drei Suppen in die Eier,
der Knecht, der kehrt mit der Stube den Besen,
da sitzen die Erbsen, die Kinder zu lesen.
O weh, wie sind mir die Stiefel geschwollen.
dass sie nicht in die Beine 'nein wollen !
Nimm drei Pfund Stiefel und schmiere das Fett,
dann stelle mir vor die Stiefel das Bett.

Zungenbrecher

Esel essen Nesseln nicht,
Nesseln essen Esel nicht.

Fischers Fritz fischt frische Fische,
frische Fische fischt Fischers Fritz.

Wir Wiener Washweiber würden weisse Wäsche waschen,
wenn wir wüssten, wo warmes Wasser wär !

Schneiderschere schneidet scharf,
scharf schneidet Schneiderschere.

Bierbrauer brauen braunes Bier.

Der Mondschein schien schon schön.

Wenn mancher Mann wüsste, wer mancher Mann wär',
gäb' mancher Mann manchem Mann manchmal mehr Ehr'.

13. Aufgabe

Perfect Tense

Ich habe gehabt	. .	I have had
du hast gehabt	. .	thou hast had
etc.		
ich bin gewesen	. .	I have been
du bist gewesen	. .	thou hast been
etc.		

ich habe gesehen	. .	I have seen
du hast gesehen	. .	thou hast seen
etc.		
ich bin gegangen	. .	I have gone
du bist gegangen	. .	thou hast gone
etc.		

Note.—

(1) The Past Participle is formed with the prefix " ge "

ge-sehen　　　ge-gangen　　　ge-holt

(2) The past participle of separable verbs is formed like this :

anfangen	an-ge-fangen
aufmachen	auf-ge-macht
zusehen	zu-ge-sehen

(3) In inseparable verbs " ge " is omitted :

besuchen	besucht
entdecken	entdeckt
erfinden	erfunden

" ge " is omitted in verbs with the ending " ieren " :

probieren	probiert
studieren	studiert
reagieren	reagiert

(4) Sein is used with verbs indicating motion :

ich bin gekommen	I have come
ich bin gerannt	I have run
ich bin spazieren gegangen	I have gone for a walk

(5) Position of Past Participle.

Ich habe gesehen	I have seen

Ich habe heute im Theater ein Drama von Schiller **gesehen.**

Ich bin mit meiner Mutter in der Stadt **gewesen.**

Wir haben ein sehr gutes Abendbrot **gehabt.**

RULE.—The past participle stands at the end of the sentence.

Im Hotel

Ich habe mir ein Zimmer im Hotel Fürstenhof in Prag bestellt. Drei Tage vorher habe ich telegraphiert, und bald eine Antwort erhalten. Ich habe den Wirt einmal in der Schweiz getroffen. Er hat mich eingeladen, ihn in der Hauptstadt seines Landes zu besuchen. Das Flugzeug hat

mich in drei Stunden nach Prag gebracht. Ich habe die
Fahrt sehr genossen. Mit der Elektrischen bin ich nach dem
Hotel gefahren. Herr Cimack, der Hotelwirt, hat mich
freundlich empfangen. Er hat mir das beste Zimmer im
Hause gegeben. Die Aussicht auf den Hradchin hat einen
tiefen Eindruck auf mich gemacht. Ich habe mich gewaschen und umgezogen, und dann bin ich in den Speisesaal
gegangen. Ich habe volle Verpflegung genommen. Ich habe
sehr gut geschlafen. Am Morgen wollte ich warmes Wasser
haben. Ich klingelte dreimal. Ein schönes Zimmermädchen
kam. Ich habe zu ihr gesagt : ,, Ich freue mich, Sie zu
sehen. Aber ich wollte den Kellner sprechen." ,, Sie haben
falsch geklingelt," sagte sie. ,, Sie müssen zweimal klingeln."
Aber sie war mir nicht böse. Beim Frühstück habe ich eine
internationale Gesellschaft getroffen : Russen, Italiener,
Griechen und andere. Wir haben uns gut unterhalten. Ich
bin nur drei Tage geblieben. Aber ich habe viel erledigt
während dieser Zeit.

WORTSCHATZ

Fürst (m.)—*prince*
Hof (m.)—*court*
bestellen—*order*
erhalten—*get*
getroffen—*met*
Hauptstadt (f.)—*capital*
freundlich—*friendly*
empfangen—*receive*
Aussicht (f.)—*view*
Eindruck (m.)—*impression*
umgezogen—*changed*

volle Verpflegung (f.)—*full board residence*
Klingel (f.)—*bell*
klingeln—*ring*
böse—*cross*
Gesellschaft (f.)—*society*
unterhalten *have conversation*
geblieben—*remained*
während—*during*
erledigt—*settled*

Haben Sie ein Zimmer für mich ?	Have you a room for me ?
Bedauere sehr, augenblicklich ist nichts frei . . .	Sorry, there is nothing free at the moment.
Aber ich habe Ihnen ein Telegramm geschickt .	But I sent you a wire.
Das ist etwas anderes. Wie ist Ihr werter Name ? .	That is something different. What is you name ?
Ich heisse Johann Seifert .	My name is John Seifert.
Danke vielmals. Ihr Zimmer ist reserviert . . .	Thanks very much. Your room has been reserved.
Wieviel berechnen Sie für Bett und Frühstück ?	How much do you charge for bed and breakfast ?

Ein Bett 40 Kronen, zwei Betten 60 Kronen täglich	One bed 40 crowns, two beds 60 crowns per day.
Kann ich eine Woche bleiben ?	Can I stay a week ?
Sehr gern, dann berechnen wir 5 Prozent weniger .	With pleasure, then we charge 5 per cent less.
Ist mein Gepäck angekommen ?	Has my luggage arrived ?
Ja, aber ich muss den Gepäckschein haben . . .	Yes, but I must have your receipt.
Schicken Sie den Hausdiener zum Bahnhof ? . .	Do you send the porter to the station ?
Ja, er wird es in Ihr Zimmer bringen	Yes, he will take it to your room.
Kann ich das Zimmer sehen ?	May I see the room ?
Mit Vergnügen. Hier ist der Fahrstuhl . . .	With pleasure. Here is the lift.
Welches Stockwerk ist es ? .	Which floor is it ?
Ihr Zimmer ist im dritten Stock	Your room is on the third floor.
Ist es Front oder Hof ? . .	Is it front or back ?
Es ist sehr ruhig und geht auf den Garten . . .	It is very quiet and looks out on the garden.
Kann ich einen Schlüssel haben ?	May I have a key ?
Ja, gern, bitte hinterlegen Sie 10 Kronen . . .	Certainly, please deposit 10 crowns.
Wo kann ich meine Wäsche waschen lassen ? . .	Where can I have my laundry washed ?
Das Zimmermädchen wird sie holen	The chambermaid will fetch it.
Kann ich im Zimmer frühstücken ? . . .	Can I have breakfast in my room ?
Leider nicht, wir haben nicht genug Leute . . .	Sorry, no, we have not enough hands.
Wann kann ich ein heisses Bad haben ?	When can I have a hot bath ?
Jederzeit. Wir haben laufendes heisses und kaltes Wasser.	Any time. We have running hot and cold water.
Ist Post für mich angekommen ?	Has any post arrived for me ?
Ein Bote hat einen Brief gebracht.	A messenger has brought a letter.

Eine Dame wird um 6 Uhr kommen	A lady will call at 6 o'clock.
Schicken Sie sie auf mein Zimmer	Ask her to come to my room.
Das ist leider nicht gestattet .	Sorry, that is not allowed.
Es ist gegen die Hausordnung	It is against the regulations.
Die Dame ist meine Kusine .	This lady is my cousin.
Das macht keinen Unterschied	That makes no difference.
Wann ist Abendessen ? .	When is dinner ?
Von sieben Uhr an . .	From 7 p.m. on.
Können Sie mir eine Karte für das Opernhaus besorgen ?	Could you get me a ticket for the opera ?
Es ist leider alles ausverkauft	Sorry, sold out.
Wie weit ist es bis zum Hradchin ?	How far is it to the Hradchin ?
Zu Fuss etwa 15 Minuten .	15 minutes on foot.
Ist es wert, zum Wallenstein-Palast zu gehen ? .	Is it worth while to see the Wallenstein Palace ?
Unter allen Umständen .	By all means.
Kann ich meine Rechnung haben ?	Can I have my bill ?
Sie ist in einer Minute fertig .	It will be ready in one minute.
Wie steht es mit dem Trinkgeld ?	What about tips ?
Wir setzen auf die Rechnung 10 Prozent	We add 10 per cent to the bill.
Das ist sehr vernünftig .	That is very sensible.
Wollen Sie meine Briefe nachsenden ?	Will you forward my letters ?
Bitte tragen Sie Ihre Adresse in das Gästebuch ein .	Please, enter your address in the visitors' book.
Ich will Sie gern empfehlen .	I shall be pleased to recommend you.
Ich bin Ihnen sehr dankbar .	I am most grateful.
Auf Wiedersehen . .	Good-bye.
Glückliche Reise . .	A pleasant journey.

Der sterbende Löwe

Eine Fabel

Ein alter Löwe, der von jeher sehr grausam gewesen war, lag kraftlos vor seiner Höhle und erwartete den Tod. Die Tiere, die sonst in Schrecken gerieten, wenn sie ihn sahen,

bedauerten ihn nicht ; denn wer betrübt sich wohl über den Tod eines Grausamen ? Sie freuten sich vielmehr, dass sie nun bald erlöst sein würden. Einige von ihnen, gegen die der Löwe gesündigt hatte, wollten ihren Hass zeigen und Rache nehmen. Der arglistige Fuchs kränkte ihn mit beissenden Worten und mit giftigem Hohn, der Wolf heulte die schlimmsten Schimpfworte ; der Ochse stiess ihn mit seinen Hörnern ; das wilde Schwein verwundete ihn mit seinen Hauern, und selbst der dumme Esel gab ihm einen Schlad mit seinem Hufe.

Das edle Pferd allein stand dabei und tat ihm nichts, obgleich der Löwe ihm seine Mutter zerrissen hatte. Da fragte der Esel das Pferd : ,, Willst du ihm nicht auch eins hinter die Ohren geben ? " Das Pferd antwortete mit ernster Stimme : ,, Ich halte es unter meiner Würde, mich an einem Feinde zu rächen, der mir nicht schaden kann und kraftlos ist."

Äsop.

WORTFAMILIEN

Hand (f.)—*hand*
Handlung (f.)—*action*
Handel (m.)—*trade*
Händler (m.)—*trader*
Verhandlung (f.)—*negotiation*
behandeln—*treat*
handlich—*handy*
Handgriff (m.)—*handle*
Handarbeit (f.)—*handicraft*
Handtuch (n.)—*towel*

sprechen—*speak*
Sprache (f.)—*speech*
Sprecher (m.)—*speaker*
Aussprache (f.)—*pronunciation*
Spruch (m.)—*quotation*
Sprichwort (n.)—*proverb*
Ansprache (f.)—*address*
besprechen—*talk over*
versprechen—*promise*
sprachlos—*speechless*

14. Aufgabe

Reflexive Verb

There are Verbs in English with " myself," " yourself," etc., as in : I enjoy myself, I wash myself, etc. These verbs are called Reflexive Verbs :

ich setze **mich**	I seat **myself**
du setzt **dich**	thou seatest **thyself**
er setzt **sich**	he seats **himself**
sie setzt **sich**	she seats **herself**
es setzt **sich**	it seats **itself**

wir setzen **uns**	we seat **ourselves**
ihr setzt **euch**	you seat **yourselves**
sie setzen **sich**	they seat **themselves**
Sie setzen **sich**	you seat **your**self

Imperfect and Perfect are conjugated in the same way

ich setzte mich	ich habe mich gesetzt

Learn and conjugate the following Reflexive Verbs :

ich wundere mich	I wonder
ich schäme mich	I am ashamed
ich sehne mich	I am longing
ich erinnere mich	I remember
ich fürchte mich	I am afraid
ich irre mich	I err
ich benehme mich	I behave
ich erkälte mich	I catch a cold

Übung

Herrschaften, bitte, setzen Sie sich ! . . .	Ladies and gentlemen, take your seats, please !
Wundern Sie sich darüber ? .	Are you astonished at it ?
Ich wundere mich über nichts	I am not surprised at anything.
Schämen Sie sich, Sie sind ein Dummkopf . .	Be ashamed of yourself, you are a silly ass.
Warum soll ich mich schämen?	Why should I be ashamed of myself ?
Wonach sehnen Sie sich ? .	What are you longing for ?
Ich sehne mich nach Ruhe .	I am longing for rest.
Können Sie sich erinnern ? .	Can you remember ?
Nein, ich kann mich nicht besinnen, wirklich nicht.	No, I can't remember, really, I can't.
Fürchten Sie sich vor Geistern ?	Are you afraid of ghosts ?
Ich fürchtete mich, als ich noch jung war . . .	I was frightened when I was quite young.
Ich habe mich geirrt .	I have made a mistake.
Sie haben sich nicht geirrt .	You have not made a mistake.
Ich habe einen Irrtum begangen	I have blundered.
Sie benehmen sich wie ein grosser Esel	You behave like a fool.

Verzeihen Sie, ich will mich bessern	Forgive me, I will improve.
Haben Sie sich erkältet ?	Have you caught a cold ?
Ja, ich habe einen starken Schnupfen	Yes, I have a bad cold in the head.
Haben Sie sich wieder erholt ?	Are you better ?
Ja, ich bin wieder auf den Beinen	Yes, I am all right again.
Haben Sie sich alles gemerkt ?	Have you remembered everything ?
Ich hoffe, es wird sich machen	I hope, it will be all right.
Man muss sich anstrengen	One must make an effort.
Jawohl, es verlohnt sich	Certainly, it is worth while.
Erinnern Sie mich an mein Versprechen !	Remind me of my promise !
Haben Sie es sich überlegt ?	Have you thought it over ?
Was haben Sie sich gedacht ?	What did you think ?

WORTSCHATZ

Postamt (n.)—*post office*
Briefmarke (f.)—*stamp*
Anschrift (f.)—*address*
deutlich—*distinct*
Rückseite (f.)—*back*
Schalter (m.)—*counter*
erhalten—*receive*
Auskunft (f.)—*information*
Paket (n.)—*parcel*
Formular (n.)—*form*
ausfüllen—*fill up*
einschreiben—*register*
besonders—*special*

Gebühr (f.)—*fee*
Drucksache (f.)—*printed matter*
Briefumschlag (m.)—*envelope*
Kreuz (n.)—*cross*
schicken—*send*
Geldanweisung (f.)—*Postal Order*
nötig—*necessary*
Fernsprecher (m.)—*telephone*
Ortsgespräch (n.)—*local call*
Ferngespräch (n.)—*trunk call*
Rundfunk (m.)—*radio*

Deutsche Reichspost

Auf dem Postamte können Sie Briefmarken und Postkarten kaufen. Schreiben Sie die Anschrift deutlich, und vergessen Sie nicht, den Absender auf die Rückseite zu schreiben. Am Schalter erhalten Sie jede Auskunft. Pakete gehen mit der Paketpost. In Deutschland muss man ein besonderes Formular für Pakete ausfüllen. Briefe kann man einschreiben lassen. Das kostet eine besondere Gebühr. Mit der Luftpost geht es am schnellsten. Sie senden Drucksachen in einem offenen Briefumschlag oder unter Kreuzband. Wer Geld schicken will, muss eine Postanweisung ausfüllen. Auch für Telegramme ist ein Formular nötig. Auf dem Postamt finden Sie eine Fernsprechzelle. Wollen

Sie ein Ortsgespräch oder ein Ferngespräch haben ?   Auch
für Rundfunk bezahlen Sie auf der Post.

Der Briefträger trägt die Briefe aus.   Ein Postbeamter holt
die Postsachen aus dem Briefkasten, das ist die Abholung.
Der Telegraphenbote bringt Telegramme.

Wer klingelt draussen ?	Who is ringing the bell ?
Ich habe nur klopfen gehört.	I have heard only a knock.
Hier ist der Briefträger mit einem Nachnahmebrief	Here is the postman with a C.O.D. letter.
Haben Sie Post für mich ?	Have you any post for me ?
Ja, eine Einschreibesache	Yes, a registered letter.
Hoffentlich gute Nachrichten	Let's hope it is good news.
Bitte quittieren Sie	Your signature, please.
Das sind fremde Briefmarken	These are foreign stamps.
Der Poststempel ist unleserlich	The postmark is not legible.
Sammeln Sie Briefmarken ?	Do you collect stamps ?
Ich habe früher gesammelt	I used to collect.
Haben Sie eine Sammlung von Ansichtspostkarten ?	Have you a collection of picture postcards ?
Nein, aber ich hebe bunte Karten auf	No, but I keep coloured ones.
Erwarten Sie ein Paket ?	Do you expect a parcel ?
Nein, ich muss eins wegsenden	No, I must send one off.
Soll ich Ihnen beim Einpacken helfen ?	Shall I help you to wrap it up ?
Bitte schnüren Sie es zu	Please tie it up.
Ich habe keinen Bindfaden	I have no string.
Sie finden eine Rolle im Schubfach des Schreibtisches	You will find a ball in the drawer of the writing desk.
Haben Sie die Freimarken aufgeklebt ?	Have you stamped it ?
Wir müssen erst wiegen	We must weigh it first.
Holt der Briefträger das Paket ab ?	Does the postman collect the parcel ?
Nein, wir müssen es selbst zur Post tragen	No, we must take it to the post office ourselves.
Wollen Sie telegraphieren ?	Will you send a wire ?
Nein, ich habe umgehend geschrieben	No, I have answered by return.

Schreiben Sie Ihre Briefe mit der Maschine	Do you type your letters ?
Leider habe ich keine Schreibmaschine	Alas, I have no typewriter.
Haben Sie Kurzschrift gelernt ?	Have you learned shorthand ?
Ja, es ist sehr wichtig für meinen Beruf	Yes, it is very important for my job.

Eine Postgeschichte

Dr. Franz Arnold aus Köln hatte sich vorgenommen, ruhige Ferien in dem kleinen Alpendorf Bichlbach zu verleben. Aber seine Ruhe war bald gestört, und das kam so.

Am ersten Tage ging er nach dem kleinen Postamt, um österreichische Briefmarken zu kaufen. Am Schalter stand eine junge Postbeamtin. Sie war blond, sie war sehr schön, und sie war sehr kühl. Franz verliebte sich auf den ersten Blick. Er fing ein Gespräch an über das Wetter. Fräulein Maria Wagner sagte ruhig und höflich : ,, Verzeihen Sie, ich bin sehr beschäftigt." Am zweiten Tag schrieb Dr. Arnold ein Telegramm : ,, Habe junge Dame gesehen, liebe sie. Franz." Maria las, zählte die Worte und sagte : ,, Eine Krone, bitte." Am nächsten Tage sandte er wieder ein Telegramm an sich selbst : ,, Was kann ich tun, das schöne Kind zu gewinnen ? " ,, Eine Krone zehn," sagte Fräulein Wagner. Und so ging es ein paar Tage. Am letzten Tage schrieb der arme Dr. Arnold : ,, Muss morgen abreisen. Bin ganz unglücklich. Sie liebt mich nicht."

Maria las, errötete ein wenig und sagte leise : ,, Es ist ein Wort zuviel," ,, Welches ? " sagte Franz Arnold ? ,, Das letzte," lächelte Maria.

Fortsetzung der Geschichte auf dem Standesamt.

Names of Places

Aachen—Aix-la Chapelle
Bayern—Bavaria
Bodensee—Lake Constance
Braunschweig—Brunswick
Köln—Cologne
Donau—Danube
Elsass—Alsace
Genf—Geneva
Lothringen—Lorraine

Nordsee—North Sea
Oesterreich—Austria
Ostsee—Baltic
Pfalz—Palatinate
Polen—Poland
Preussen—Prussia
Sachsen—Saxony
Schlesien—Silesia
Schweiz—Switzerland

Luzern—Lucerne	Schwarzwald—Black Forest
Mainz—Mayence	Trier—Treves
Mittelländisches Meer	Ungarn—Hungary
Mediterranean	Vierwaldstätter See—
München—Munich	Lake of Lucerne

Public Notices in Germany

Achtung ! . . .	Attention, look out !
Achtung, Hund ! . .	Beware of the dog !
Wagen halten hier .	Cars stop here
(nach Bedarf) . . .	(on request).
Eingang . . .	Entrance.
Ausgang . . .	Exit.
Zutritt verboten ! .	No admittance !
Bitte auf den Knopf drücken	Press the button, please.
Bitte Füsse abstreichen .	Wipe your feet, please.
Bitte an der Kasse zahle .	Pay at the desk.
Das Baden ist verboten ! .	Bathing not allowed !
Das betretendes Rasens ist verboten !	Keep off the grass !
Das Pflücken von Blumen ist verboten	Pick no flowers.
Frisch gestrichen . .	Wet paint.
Gefahr ! . . .	Danger !
Geöffnet . . .	Open.
Geschlossen . .	Closed.
Halt ! . . .	Stop !
Klingeln ! . . .	Ring the bell.
Klopfen ! . . .	Knock.
Möbliertes Zimmer frei	Furnished room to let
Wohnung frei . .	Flat to let.
Nicht berühren . .	Do not touch.
Nicht hinauslehnen .	Do not lean out.
Rauchen verboten .	No smoking.
Schritt fahren . .	Drive slowly.
Stossen . . .	Push.
Ziehen . . .	Pull.
Trinkgeld verboten .	No gratuities allowed.
Vor Taschendieben wird gewarnt	Beware of pickpockets.
Warnung . . .	Caution.
Ausverkauf . .	Clearance Sale.
Einbahnstrasse . .	One Way Traffic.

15. Aufgabe

Modal Auxiliaries : sollen, wollen

There are six Modal Auxiliaries :
(1) sollen—shall, ought to, have to
(2) wollen—wish, will, have the intention, intend
(3) dürfen—have the permission, be allowed to
(4) mögen—like
(5) können—able to, can
(6) müssen—must, be obliged to

ich soll	. I shall	ich sollte	. I should
du sollst	. thou shalt	du solltest	. thou shouldst
er soll	. he shall	etc.	
sie soll	. she shall		
es soll	. it shall	ich habe gesollt	I should
wir sollen	. we shall	du hast gesollt	thou shouldst
ihr sollt	. you shall	etc.	
sie sollen	. they shall		
Sie sollen	. you shall		

ich will	. I will	ich wollte	. I wished
du willst	. thou dost wish	thou wolltest	. thou wished
er will	. he wishes	etc.	
sie will	. she wishes		
es will	. it wishes	ich habe gewollt	I have wished
wir wollen	. we wish	du hast gewollt	thou hast wished
ihr wollt	. you wish	etc.	
sie wollen	. they wish		
Sie wollen	. you wish		

Ich will gehen = I will go
Ich wünsche, zu gehen = I wish to go

WORTSCHATZ

tiefblau—*dark blue*
malerisch—*picturesque*
Schloss (n.)—*castle*
Bergsteiger (m.)—*mountaineer*
klettern—*climb*
verschneit—*snowbound*
Aussicht (f.)—*view*
Hexe (f.)—*witch*
Besenstiel (m.)—*broomstick*
Teufel (m.)—*devil*

treffen—*meet*
altertümlich—*ancient*
Bauernhaus—*farmhouse*
Grenze (f.)—*frontier*
fertigen—*manufacture*
Spielzeug (n.)—*toy*
Riese (m.)—*giant*
Rübezahl (m.)—*name of a giant*
Erinnerung (f.)—*memory*
geschichtlich—*historical*

Deutsche Gebirge

In Deutschland findet man viele waldreiche Gebirge. Im Süden sind die bayrischen Alpen. Der höchste Berg ist die Zugspitze 2963 m (—9718 ft.) hoch. Schöne Seen liegen zwischen den hohen Bergen z.B. der Schlier—, der Tegernsee, der Königsee. Das Wasser dieser Seen ist tiefblau oder tiefgrün. Tausende von Reisenden kommen jährlich, um die malerischen Städte, Dörfer und Schlösser zu besuchen. Bergsteiger klettern auf die höchsten Gipfel, und im Winter kommen Skifahrer in die verschneiten Wälder.

Der Harz liegt im Herzen Deutschlands. Vom Brocken aus hat man eine wunderbare Aussicht. In der Walpurgisnacht, am 30 April, sollen die Hexen auf Besenstielen nach dem Brocken fliegen, um den Teufel zu treffen.

Viele Engländer besuchen den Schwarzwald im Südwesten von Deutschland. Auch hier finden wir altertümliche Städte und kleine Dörfer mit malerischen Bauernhäusern.

Das Erzgebirge bildet die Grenze zwischen Sachsen und Böhmen. Die Erzgebirgler fertigen Spielzeug und Musikinstrumente. Im Winter fahren besondere Sportzüge von Berlin und Dresden.

In Schlesien haben wir das Riesengebirge. Es hat seinen Namen von einem Riesen Rübezahl, der dort gewohnt haben soll.

Am meisten lieben die Deutschen vielleicht den Thüringer Wald. Nicht nur wegen seiner Schönheit, sondern auch, weil Thüringen voll ist von geschichtlichen Erinnerungen.

Wann nehmen Sie Ihre Ferien ?	When do you take your holidays ?
Ende Juli	At the end of July.
Wo wollen Sie Ihre Ferien verleben ?	Where will you spend your holidays ?
Ich will kurze Zeit in den deutschen Gebirgen verbringen.	I will spend a short time in the German mountains.
Kennen Sie Mitteldeutschland ?	Do you know Central Germany ?
Nein, ich bin nur im Westen gereist	No, I have travelled only in the West.
Klittern Sie gern ? . .	Do you like climbing ?
Das ist mein Lieblingsport .	That is my favourite sport.
Ist es nicht sehr gefährlich ?	Is it not very dangerous ?

Man muss einen Bergführer haben	One must have a mountain guide.
Haben Sie je eine Lawine gesehen ?	Have you ever seen an avalanche ?
Ich kenne nur die Gletscher	No, only glaciers.
Wo gibt es Wasserfälle ?	Where does one find waterfalls ?
Einer der schönsten ist die Ache in Gastein	One of the most beautiful is the Ache in Gastein.
Sieht man oft das Alpenglühen ?	Does one often see the Alpine Glow ?
Ja, besonders im Herbst	Yes, especially in autumn.
Malen Sie auch ?	Do you also paint ?
Nein, ich zeichne nur	No, I only draw.
Kann man auf den Bergen übernachten ?	Can one stay over night in the mountains ?
Es gibt Jugendherbergen und auch gute Hotels	There are youth hostels and also good hotels.
Was ziehen Sie vor ?	Which do you prefer ?
An liebsten schlafe ich auf Stroh in einer Almhütte	I like sleeping on straw in an Almhütte best.
Wie heisst das auf Englisch ?	What does it mean in English ?
Alm bedeutet Alpenwiese	Alm means alpine meadow.
Almhütte heisst Alpine hut	Almhütte means Alpine hut.
Wie heisst die schönste Alpenblume ?	What is the name of the most beautiful Alpine flower ?
Die Alpenrose. Manche Leute sagen das Edelweiss	The Alpine Rose. Some people say : Edelweiss.
Sind Sie ein Frühaufsteher ?	Are you an early riser ?
In den Ferien stehe ich sehr zeitig auf und halte ein Mittagsschläfchen	In the holidays I get up very early and have a little nap after lunch.
Schnarchen Sie ?	Do you snore ?
Sie sind sehr neugierig, mein Lieber	You are very inquisitive, my dear.
Nichts für ungut, alter Knabe	Do not take it amiss, old boy.

Der süsse Brei

Es war einmal ein frommes Mädchen, das lebte mit seiner Mutter allein, und sie hatten nichts mehr zu essen. Da ging das Kind hinaus in den Wald, und es begegnete

ihm eine alte Frau. Die wusste seinen Jammer schon und
schenkte ihm ein Töpfchen. Zu dem sollte es sagen:
,, Töpfchen, koche ! " so kochte es guten, süssen Hirsebrei,
und wenn es sagte : ,, Töpfchen, steh ! " so hörte es wieder
auf zu kochen. Das Mädchen brachte den Topf seiner
Mutter heim, und nun hatten sie keinen Hunger mehr
und waren nicht mehr arm. Sie assen immer süssen Brei,
so oft sie wollten. Auf eine Zeit war das Mädchen aus-
gegangen. Da sprach die Mutter : ,, Töpfchen, koche ! " da
kochte es. Und sie isst sich satt. Nun will sie, dass das
Töpfchen wieder aufhören soll, aber sie weiss das Wort
nicht. Also kocht das Töpfchen fort, und der Brei steigt
über den Rand hinaus und kocht immerzu. Die Küche
und das ganze Haus sind bald voll, und dann das zweite
Haus und dann die Strasse, als wollt's die ganze Welt
satt machen. Und die grösste Not ist nun da, und kein
Mensch weiss, zu helfen. Endlich, wie nur noch ein einziges
Haus übrig ist, kommt das Kind heim und spricht nur:
,, Töpfchen, steh ! " da steht es und hört auf zu kochen. Und
wer wieder in die Stadt wollte, der musste sich durchessen:

Brüder Grimm.

Ich weiss, dass mir nichts angehört
Als der Gedanke, der ungestört
Aus meiner Seele will fliessen,
Und jeder günstige Augenblick,
Den mich ein liebendes Geschick
Von Grund auf lässt geniessen.

Goethe.

Hab Sonne im Herzen,
Ob's stürmt oder schneit,
Ob der Himmel voll Wolken,
Die Erde voll Streit . . .
Hab Sonne im Herzen,
Dann komme, was mag :
Das leuchtet voll Licht Dir
Den dunkelsten Tag.

Flaischlen.

16. Aufgabe

dürfen, mögen

ich darf	. I am allowed I may	ich durfte	I was allowed
du darfst	. thou art allowed	du durftest	thou wert allowed
er darf	. he is allowed	etc.	
sie darf	. she is allowed	ich habe	I have been
es darf	. it is allowed	gedurft	allowed
wir dürfen	we are allowed	etc.	
ihr dürft	. you are allowed		
sie dürfen	. they are allowed		
Sie dürfen	. you are allowed		

ich mag	. I like	ich mochte	I liked to
du magst	. thou likest	du mochtest	thou didst like
er mag	. he likes		
sie mag	. she likes	etc.	
es mag	. it likes		
wir mögen	. we like	ich habe gemocht	I have liked
ihr mögt	. you like		
sie mögen	. they like		
Sie mögen	. you like		

Note.—Ich möchte spielen = I would like to play.

Das mag sein = That may be.
Er mochte das Bild nicht = He did not like the picture.
Ich mag ihn gern = I like him very much.
Ich fahre, mag es schneien oder nicht = I shall travel, whether it snows or not.

WORTSCHATZ

Puppe (f.)—*doll*	Schimmel (m.)—*white horse*
Giesskanne (f.)—*watering can*	Mieze (f.)—*cat*
Bauer (m.)—*farmer*	beobachten—*watch*
Gutshof (m.)—*farmyard*	Truthahn (m.)—*turkey*
Stall (m.)—*stable*	Ferkel (n.)—*sucking pig*
Knecht (m.)—*farm hand*	Igel (m.)—*hedgehog*

Ferien auf dem Lande

Lieschen war ein kleines Berliner Mädchen von fünf Jahren. „ Morgen fahren wir wieder aufs Land," sagte die Mutter, „ was möchtest du mitnehmen ? " „ Meinen Ball, meine Puppe und meine Giesskanne." Lieschen trug einen kleinen Rucksack, als sie alle in den Zug stiegen. Herr Schönherr und seine Frau und ihr Töchterchen wohnten bei einem Bauern, den sie einmal in der Markthalle kennen gelernt hatten. Was das Kind auf dem Gutshofe und in den Ställen sah, war für es eine neue Welt. Lieschen ging mit dem Knecht auf die Weide und streichelte die Kühe. Sie durfte auf dem alten Schimmel reiten. „ Darf ich mir ein kleines Kalb mit nach Hause nehmen ? " fragte sie Herrn Lassen. „ Die Kälber wachsen, und dann sind sie zu gross für eine Stadtwohnung," antwortete der Bauer. „ Aber ich habe etwas anderes für dich." Er zeigte ihr eine Katzenmutter mit sieben kleinen Kätzchen. „ Möchtest du eine Mieze haben ? " fragte der Bauer. Lieschen sah scheu auf ihre Mutter. „ Ja, du darfst ein Miezekätzchen mit nach Hause nehmen," lächelte Frau Schönherr.

Lieschen beobachtete die Enten und Gänse auf dem Teiche. Sie sah wie die Truthühner und Ferkel gefüttert wurden. Der Igel in der Scheune war ihr Freund, dem sie Milch brachte. Aber ihre grösste Freude war doch ihr Kätzchen, das jetzt in Berlin wohnt.

Möchten Sie gern auf dem Lande wohnen ?	Would you like to live in the country ?
Ziehen sie das Stadtleben vor ?	Do you prefer town life ?
Möchten Sie ein Bauer sein ?	Would you like to be a farmer?
Sind Sie gut untergebracht ?	Are you put up comfortably ?
Wie gefällt Ihnen die Kost ?	How do you like the food ?
Darf man in der Scheune rauchen ?	Is one allowed to smoke in the barn ?
Dürfen Sie manchmal reiten ?	Are you allowed to have a ride sometimes ?
Ich reite jeden Morgen	I take a ride every morning.
Wo verbringen Sie den Nachmittag ?	Where do you spend the afternoon ?
Ich mache Ausflüge in die Umgebung	I take trips in the neighbourhood.

Darf man das Schloss besuchen ? . . .	Is one allowed to visit the Castle ?
Möchten Sie die Klosterruine besuchen ? . . .	Would you like to visit the ruin of the monastery ?
Gern, wo darf ich Sie treffen ?	With pleasure, where shall I meet you ?
Sollen wir ein Auto mieten ?	Shall we hire a motor car ?
Ich möchte lieber mit dem Rad fahren	I would rather cycle.
Gibt es hier eine gute Dorf- schenke ?	Is there a good village inn ?
Ich würde Ihnen raten, die historische Klosterschenke zu besuchen . . .	I should advise you to visit the historical inn of the monastery.
Kann man dort etwas zu essen bekommen ? . . .	Can one get something to eat there ?
Sie müssen es telephonisch vorausbestellen . .	You must order it in advance by phone.
Wird dort manchmal getanzt ?	Do they have dancing there ?
Es ist täglich ein Tänzchen im Freien	There is a little open air dance daily.
Verstehen Sie die Mundart ? .	Do you understand the dialect ?
Ich kann Bayrisch ganz gut verstehen, aber nicht Platt- deutsch	I can understand Bavarian pretty well, but not Low German.
Helfen Sie auf dem Felde ? .	Do you help in the fields ?
Ja, es macht mir viel Freude.	Yes, it gives me great pleasure.
Können Sie Kühe melken ? .	Can you milk cows ?
Ich habe es versucht. .	I have tried . . .
Und was geschah ? . .	And what happened ?
Die Kuh hat mich gestossen .	The cow kicked me.
Wann werden Sie wieder- kommen ?	When will you come back ?
Ich glaube, zur Ernte .	I think at harvest time.
Sind Sie ein freiwilliger Helfer?	Are you a voluntary helper ?
Ja, ich tue es gern . .	Yes, I like doing it.

Kinderpredigt

Ein Huhn und ein Hahn,
die Predigt geht an,
eine Kuh und ein Kalb,
die Predigt ist halb,
eine Katz und eine Maus,

die Predigt ist aus.
Geht alle nach Haus
und haltet einen Schmaus.
Habt ihr was, so esst es,
habt ihr nichts, vergesst es,
Habt ihr noch ein Stückchen Brot,
so teilt es mit der Not,
und habt ihr noch ein Brosämlein,
so streuet es den Vögelein.

Des Knaben Wunderhorn.

Mutter bekommt kein Geld

Auf der Strasse begegnete mir frühmorgens oft ein munterer, fröhlicher Knabe. Er trug für einen Bäcker die Semmeln aus. Eines Tages hatte ich ein Gespräch mit ihm. ,, Mit dem Austragen,'' sagte der Knabe mit leuchtenden Augen, ,, verdiene ich schon ein gut Stück Geld. Mein Vater, der in der Tischlerei arbeitet, verdient freilich viel mehr.''— ,, Und was tut denn deine Mutter den ganzen Tag ? '' fragte ich.

,, Mutter,'' sagte er, ,, die steht morgens als die erste von uns auf und weckt mich, damit ich pünktlich wegkomme. Dann weckt sie meine Geschwister, die zur Schule müssen, und gibt ihnen Frühstück. Sind sie fort, so wird Vaters Tasche zurecht gemacht und sein Frühstück hineingepackt. Unterdessen is die kleine Luise aufgewacht, die erst zwei Jahre alt ist. Mutter muss sie waschen und anziehen. Dann macht Mutter die Betten, räumt auf und kocht Mittagbrot. Und so geht es den ganzen Tag fort.''

,, Wieviel verdienst du denn ? '' fragte ich weiter.

,, O, so ungefähr zehn Mark.''

,, Und der Vater, wieviel bekommt der ? ''

,, Hundert Mark den Monat.''

,, Und was bekommt die Mutter für ihre Arbeit ? '' fragte ich zuletzt.

Da sah mich der Knabe gross an und fing an, zu lachen. ,, Die Mutter,'' sagte er, ,, arbeitet doch nicht für Geld. Die arbeitet doch nur für uns den ganzen Tag.''

Nach Raabe.

Es regnet, es regnet

Es regnet, es regnet,
der Kuckuck wird nass,
wir sitzen im Trocknen,
was schadet uns das ?

Mairegen bringt Segen,
und werden wir nass,
so wachsen wir lustig
wie Blumen im Gras.

17. Aufgabe

können müssen

ich kann	. I can	ich konnte	. I could
du kannst	. thou canst	du konntest	. thou couldst
er kann	. he can .	wir konnten	. we could
sie kann	. she can	etc.	
es kann	. it can		

ich habe gekonnt
> I have been able

wir können . we can   du hast gekonnt
> thou hast been able

wir haben gekonnt

ihr könnt . you can   we have been able
sie können . they can   etc.
Sie können . you can

ich muss	. I must .	ich musste sprechen
du musst	. thou must	I had to speak
er muss	. he must	du musstest gehen
sie muss	. she must	thou wast obliged to go
es muss	. it must	etc.

wir müssen . we must   ich habe gemusst
ihr müsst . you must   I was forced to
sie müssen . they must   du hast gemusst
Sie müssen . you must   etc. thou wert forced to

Note the double infinitive :

Ich habe gewollt. Ich habe singen wollen. Was haben Sie gewollt ?

Ich habe gemusst. Ich habe gehen müssen. Was haben Sie gemusst ?

Ich habe gedurft. Ich habe reden dürfen. Was haben Sie gedurft ?

Ich habe gekonnt. Ich habe sprechen können. Was haben Sie gekonnt ?

WORTFAMILIE KÖNNEN

Kunst (f.)—*art*
Künstler (m.)—*artist*
künstlerisch—*artistic*
künstlich—*artificial*
kunstvoll—*full of art*

Kunstkenner (m.)—*connoisseur*
Kunstverein (m.)—*art club*
Kunstgewerbe (n.)—*applied art*
Kunstwerk (n.)—*work of art*
Kunstgriff (m.)—*trick*

WORTSCHATZ

Ernte (f.)—*harvest*
mähen—*mow*
Garbe (f.)—*sheaf*
feiern—*celebrate*
Geistliche (m.)—*clergyman*
darben—*starve*
heilig—*holy*
Freude (f.)—*joy*
Kapelle (f.)—*band*

Kranz (m.)—*wreath*
Saal (m.)—*hall*
Fass (n.)—*barrel*
Stoppelfeld (n.)—*stubblefield*
freundlich—*friendly*
pflügen—*plough*
eggen—*harrow*
Segen (m.)—*blessing*
fortfahren—*continue*

Erntedankfest

Herr Schönherr hatte Wort gehalten. Er war zur Ernte gekommen und hatte fleissig geholfen beim Mähen, und seine Frau hatte Garben gebunden, und die kleine Liese brachte den Arbeitern Kaffee. Der letzte Wagen war in der Scheune, und heute konnte man Erntedankfest feiern.

Welch ein schönes Bild : der Altar mit Früchten, Korn und Blumen geschmückt. Der alte Geistliche sprach über das Wort aus der Bibel : ,, Was der Mensch säet, das wird er ernten."

Der Chor sang ein altes Volkslied :
Ihr lieben Leute lasst euch sagen :
Wir brachten heim den letzten Wagen
Wir brachten heim die letzten Garben :
Nun soll im Lande keiner darben.
O, Erntezeit, o heil'ge Zeit,
o Segen ohne Ende.
So hebt in hoher Freudigkeit
zum Himmel eure Hände,
und danket alle Gott.

Das war ein lustiges Leben am Abend im Gasthof. Die Kapelle spielte zum Tanze. Ein grosser Kranz mit bunten Bändern hing in der Mitte des Saales. Herr Schönherr hatte ein grosses Fass Münchener Hofbräu kommen lassen, und nun wollte jeder mit den freundlichen Städtern tanzen.

Am nächsten Morgen ging der Bauer mit seinem Gaste über die Stoppelfelder und sagte : ,, Pflügen, eggen, säen,

ernten, so geht es jedes Jahr. . . ." „Und Gott gibt uns
seinen Segen," fuhr Herr Schönherr fort.

Now take your English Bible and read over the following
section of Genesis :

Das erste Buch Mose

Das I. Kapitel

Schöpfung der Welt

1. Am Anfang schuf Gott Himmel und Erde.

2. Und die Erde war wüste und leer, und es war finster
auf der Tiefe ; und der Geist Gottes schwebte auf dem
Wasser.

3. Und Gott sprach : Es werde Licht. und es ward Licht.

4. Und Gott sah, dass das Licht gut war. Da schied Gott
das Licht von der Finsternis.

5. Und nannte das Licht Tag und die Finsternis Nacht.
Da ward aus Abend und Morgen der erste Tag.

6. Und Gott sprach : Es werde eine Feste zwischen den
Wassern, und die sei ein Unterschied zwischen den Wassern.

7. Da machte Gott die Feste und schied das Wasser unter
der Feste von dem Wasser über der Feste. Und es geschah
also.

8. Und Gott nannte die Feste Himmel. Da ward aus
Abend und Morgen der andere Tag.

9. Und Gott sprach : Es sammle sich das Wasser unter
dem Himmel an besondere Örter, dass man das Trockene
sehe. Und es geschah also.

10. Und Gott nannte das Trockene Erde, und die Samm-
lung der Wasser nannte er Meer. Und Gott sah, dass es
gut war.

11. Und Gott sprach : Es lasse die Erde aufgehen Gras
und Kraut, das sich besame, und fruchtbare Bäume, da
ein jeglicher nach seiner Art Frucht trage und habe seinen
eigenen Samen bei sich selbst auf Erden. Und es geschah also.

12. Und die Erde liess aufgehen Gras und Kraut, das sich
besamte, ein jegliches nach seiner Art, und Bäume, die da
Frucht trugen und ihren eigenen Samen bei sich selbst
hatten, ein jeglicher nach seiner Art. Und Gott sah, dass es
gut war.

13. Da ward aus Abend und Morgen der dritte Tag.

14. Und Gott sprach : Es werden Lichter an der Feste

des Himmels, die da scheiden Tag und Nacht und geben Zeichen, Zeiten, Tage und Jahre.

15. Und seien Lichter an der Feste des Himmels, dass sie scheinen auf Erden. Und es geschah also.

16. Und Gott machte zwei grosse Lichter ; ein grosses Licht, das den Tag regiere, und ein kleines Licht, das die Nacht regiere, dazu auch Sterne.

17. Und Gott setzte sie an die Feste des Himmels, dass sie schienen auf die Erde.

18. Und den Tag und die Nacht regierten und schieden Licht und Finsternis. Und Gott sah, dass es gut war.

19. Da ward aus Abend und Morgen der vierte Tag.

20. Und Gott sprach : Es errege sich das Wasser mit webenden und lebendigen Tieren, und Gevögel fliege auf Erden unter der Feste des Himmels.

21. Und Gott schuf grosse Walfische und allerlei Getier, das da lebt und webt, davon das Wasser sich erregte, ein jegliches nach seiner Art, und allerlei gefiedertes Gevögel, ein jegliches nach seiner Art. Und Gott sah, dass es gut war.

22. Und Gott segnete sie und sprach : Seid fruchtbar und mehret euch und erfüllet das Wasser im Meer ; und das Gefieder mehre sich auf Erden.

23. Da ward aus Abend und Morgen der fünfte Tag.

24. Und Gott sprach ; Die Erde bringe hervor lebendige Tiere, ein jegliches nach seiner Art : Vieh, Gewürm und Tiere auf Erden, ein jegliches nach seiner Art. Und es geschah also.

25. Und Gott machte die Tiere auf Erden, ein jegliches nach seiner Art, und das Vieh nach seiner Art, und allerlei Gewürm auf Erden nach seiner Art. Und Gott sah, dass es gut war.

26. Und Gott sprach : Lasset uns Menschen machen, ein Bild, das uns gleich sei, die da herrschen über die Fische im Meere und über die Vögel unter dem Himmel und über das Vieh und über die ganze Erde und über alles Gewürm das auf Erden kriecht.

27. Und Gott schuf den Menschen ihm zum Bilde, zum Bilde Gottes schuf er ihn ; und schuf sie einen Mann und ein Weib.

18. Aufgabe

Strong Verbs

In German as in English there are Weak and Strong Verbs :

Example :

English (weak) : I live	I lived	I have lived
German (weak) : ich lebe	ich lebte	ich habe gelebt
English (strong) : I sing	I sang	I have sung
German (strong) : ich singe	ich sang	ich habe gesungen

Note.—In a strong verb the root vowel changes.

Verb " gehen "

Present Tense		Imperfect Tense	
ich gehe	. I go	ich ging	. I went
du gehst	. thou goest	du gingst	. thou didst go
er geht	. he goes	er ging	. he went
wir gehen	. we go	wir gingen	. we went
ihr geht	. you go	ihr gingt	. you went
sie gehen	. they go	sie gingen	. they went
Sie gehen	. you go	Sie gingen	. you went

Perfect Tense

ich bin gegangen	. I have gone
du bist gegangen	. thou hast gone
etc.	

Imperative : Gehen Sie ! Go !

Here are some examples of Strong Verbs :

beissen	= to bite	biss	gebissen
reiben	= to rub	rieb	gerieben
fliegen	= to fly	flog	geflogen
kriechen	= to creep	kroch	gekrochen
essen	= to eat	ass	gegessen
lesen	= to read	las	gelesen
sprechen	= to speak	sprach	gesprochen
stehlen	= to steal	stahl	gestohlen
schwimmen	= to swim	schwamm	geschwommen
helfen	= to help	half	geholfen

finden	= to find	fand	gefunden
fahren	= to drive	fuhr	gefahren
fangen	= to catch	fing	gefangen
tun	= to do	tat	getan

Advice : When you come across a new verb try to find with the help of your teacher or your dictionary " **Wort-familien**," e.g. :

schliessen	close	Rat (m.)	council
Schlüssel (m.)	key	Rathaus (n.)	town hall
Schloss (n.)	castle, lock	Rätsel (n.)	riddle
Schluss (m.)	end	verraten	betray
Entschluss (m.)	decision	Verrat (m.)	betrayal
aufschliessen	unlock	Verräter (m.)	traitor
verschliessen	lock up	Beratungs-	advisory
schliesslich	finally	stelle (f.)	bureau
Abschluss (m.)	conclusion	ratsam	advisable
Schlussakt (m.)	final act	Ratsherr (m.)	senator
raten	guess		

This is an interesting and quick way of acquiring a large vocabulary.

WORTSCHATZ

Laden (m.)—*shop*	aufwickeln—*unfurl*
Geschichte (f.)—*story*	umsonst—*in vain*
Mode (f.)—*fashion*	oben—*above*
Affe (m.)—*monkey*	Decke (f.)—*ceiling*
anstecken—*fix*	grossartig—*magnificent*
Knopfloch (n.)—*buttonhole*	grinsen—*grin*
Kleid (n.)—*dress*	Kunde (m.)—*client*
Tuch (n.)—*cloth*	Leiter (f.)—*ladder*
Geschäft (n.)—*business*	erlöst—*relieved*
Verkäufer (m.)—*shopman*	herrlich—*marvellous*
mehrere—*several*	jubeln—*jubilate*
Muster (n.)—*pattern*	abschneiden—*cut off*
passen—*suit*	verloren—*lost*
Besitzer (m.)—*owner*	winzig—*wee*
Lager (n.)—*store*	Stück (n.)—*piece*
Ballen (m.)—*bale*	Ohrfeige (f.)—*box on the ears*

Eine Ladengeschichte

Vor einigen Jahren kam in einer grossen Stadt die Mode auf, dass jedermann ein kleines Affchen angesteckt hatte, die Herren im Knopfloch, die Damen und die Kinder am Kleide.

Zu dieser Zeit kam ein Herr in ein Tuchgeschäft und frug :

„ Kann ich etwas rotes Tuch haben ? " Der Verkäufer zeigte mehrere Muster, aber nichts schien zu passen. Der Ladenbesitzer kam selbst und brachte aus dem Lager einige Ballen. Die Ballen wurden aufgewickelt. Umsonst. „ Nun habe ich nur noch einen Ballen dort ganz oben unter der Decke." „ Das ist ja grossartig " grinste der Kunde, „ das ist das Richtige." Eine Leiter wurde geholt. Der Ballen lag auf der Ladentafel. Der erlöste Verkäufer rollte auf, um die Farbe gegen das Licht zu zeigen. „ Herrlich," jubelte der Kunde. „ Und wieviel soll ich Ihnen abschneiden ? " fragte der junge Mann hinter dem Ladentisch.

„ Sehen Sie, hier ist mein kleiner Affe. Er hatte eine rote Zunge. . . . und die ist verloren gegangen. Bitte, geben Sie mir ein winziges Stück von dem roten Tuch . . ."

Die Geschichte hat mit einer Ohrfeige geendet.

Verschiedene Läden.   Different Shops

Posamenten- händler	} Haberdasher	Eisenwaren- händler	. Ironmonger
Kurzwaren- händler		Modeartikel	. Outfitter
		Putzmacherei	. Milliner
Metzger	. Butcher	Antiquariat	. Secondhand Shop
Kolonialwaren- händler	Grover	Apotheke	. Chemist
Konditorei	. Pastry cook	Drogerie .	. Druggist
Fischgeschäft	Fishmonger	Juwelier .	. Jeweller
Molkerei .	. Dairy	Buchhandlung	. Bookshop
Gemüsehändler	Greengrocer	Wäscherei	. Laundry
Schuhmacher	. Shoemaker	Schneider	. Tailor
Hutmacher	. Hatter	Papierwaren	. Stationer
Uhrmacher	. Watchmaker	Klempner	. Plumber
Möbellager	. Furniture	Blumenladen	. Florist

Womit kann ich dienen? .	What can I do for you?
Ich möchte Taschentücher kaufen	I should like to buy some handkerchiefs.
Bitte, gehen Sie in die Abteilung im zweiten Stock .	Please go to the department on the second floor.
Bitte schön, könnte ich Taschentücher sehen ? .	Could I see some handkerchiefs ?
Sehr gern. Für einen Herrn oder für eine Dame ? .	Pleasure. For a gentleman or for a lady ?
Spitzentaschentücher, bitte .	With lace, please.

Für die Frau Gemahlin oder etwas Besseres ?	For your wife or something better ?
Mit Klöppelspitze, bitte	Bobbin-lace, please.
O, ich verstehe	Oh, I understand.
Wieviel kostet ein halbes Dutzend ?	How much is half a dozen ?
18 Mark. Bitte an der Kasse zahlen	18 Mark. Please pay at the cashier's desk.
Noch etwas gefällig ?	Anything else ?
Ja, bitte Parfüm	Yes, perfume, please.
Was wünschen Sie, bitte ?	What do you want, please.
Führen Sie Kölnisches Wasser ?	Have you Eau de Cologne ?
Leider nein. Darf es etwas anderes sein ?	Sorry. Could it be something different ?
Haben Sie Maiglöckchen oder vielleicht Veilchen ?	Have you lily of the valley or violets ?
Wir haben Kanadischen Mohn, sehr beliebt jetzt	We have Canadian poppy, very fashionable just now.
Nein, verzichte	No, rather not.
Möchten Sie etwas anderes wählen ?	Would you like to choose something else ?
Einen Waschlappen, bitte	A face flannel, please.
In welcher Preislage ?	About what price ?
Das ist gleich, was haben Sie auf Lager ?	Never mind. What have you in stock ?
Ich rate Ihnen zu diesem, er ist sehr weich	I should advise you to take this, it is very soft.
Schön, packen Sie ihn ein	Right, wrap it up, please.
Steht noch etwas zu Diensten?	Anything else I can do for you ?
Wo kann ich geschliffenes Glas bekommen ?	Where can I get cut glass ?
Bitte gehen Sie gerade aus, erster Gang rechts	Straight on, first turning to the right.
Danke schön	Thanks.
Keine Ursache	No trouble.
Haben Sie Glas aus Böhmen ?	Have you Bohemian glass ?
Nein, aber wunderbare Sachen aus Murano	No, but exquisite things from Murano.
Wieviel kostet diese Schale ?	How much is this bowl ?
Mk. 60.50	£3 os. 6d.
Das ist unerhört teuer	That is extremely dear.

Verzeihung, es ist ein Kunst-werk	Pardon me, it is a work of art.
Ich kann es mir nicht leisten .	I cannot afford it.
Möchten Sie nicht etwas anderes wählen ? . .	Would you like to choose something else ?
Ich muss es mir noch einmal durch den Kopf gehen lassen	I will think it over.

19. Aufgabe

Co-ordinating Conjunctions

Conjunctions—as the name implies—connect two sentences.

Example :

Der Winter kommt. Es ist kalt
Der Winter kommt, **und** es ist kalt   .   . and
Der Winter kommt, **aber** es ist nicht kalt   . but
Der Winter kommt, **darum** ist es kalt   . therefore
Der Sommer kommt, **trotzdem** ist es kalt   . in spite of it.

Other co-ordinating conjunctions are :

> denn = for
> entweder—oder = either—or
> weder—noch = neither—nor
> sonst = otherwise.

Examples:
Sie sind froh, denn Sie haben alles verstanden.
You are glad, for you have understood everything.
Entweder Sie wiederholen täglich, oder Sie vergessen alles.
Either you repeat daily or you forget everything.
Ich habe weder Zeit, noch habe ich Geld.
I have neither time, nor have I money.
Hören Sie genau zu, sonst verstehen Sie mich nicht.
Listen carefully or else you will not understand me.
Ich bin sehr müde, allein, das macht nichts.
I am very tired, but it doesn't matter.

Ich bin hungrig, doch das lässt sich ändern.
I am hungry, but that can be remedied.

Zwar habe ich kein Geld, doch bin ich voller Hoffnung.
It is true I have no money, but I am full of good hope.

Note.—The German and the English " **also.**" They have
different meanings.

German " also " = consequently
English " also " = auch.

Es regnet, also bleibe ich zu Hause.
It is raining, consequently I stay at home.

Sie haben geschrieben, und Sie haben auch auswendig gelernt.
You have written and you have also memorized.

Note.—Sometimes you must not translate " auch."

Haben Sie sich das auch richtig überlegt ?
Have you thought it over properly?

Ich habe auch nicht die geringste Ahnung.
I have not the faintest idea.

Das ist auch ganz gleich.
That is all the same to me.

Sehnsucht

Wie sehn' ich mich nach Stille
Und in des Lebens Fülle
Nach klarer Einfachheit.
Mich drückt das Vielzuviele,
Mich schmerzen Weh und Spiele,
Mich ängstigt Freude ebenso wie Leid.

Münchhausen.

WORTSCHATZ

Weltbummler (m.)—*globetrotter*	Abenteuer (n.)—*adventure*
Reisebüro (n.)—*travel agency*	langweilig—*tedious*
verbunden—*connected*	beschreiben—*describe*
Hafen (m.)—*harbour*	Sehnsucht (f.)—*longing*
Schiffahrt (f.)—*shipping*	Schilderung (f.)—*description*
Kloster (n.)—*monastery*	steif—*stiff*
Augenblick (m.)—*moment*	vollgestopft—*full up*
zögern—*hesitate*	Seele (f.)—*soul*
Auskunft (f.)—*information*	Wüste (f.)—*desert*
plaudern—*chat*	traurig—*sad*

Der Weltbummler

Am Jungfernstieg in Hamburg ist ein kleines Reisebüro verbunden mit einer Buchhandlung. Es gehört Herrn Wieland, Joachim Wieland. Er ist ein freundlicher Mann mit blauen, gütigen Augen. Die Leute nennen ihn ,, Weltbummler,'' denn er kennt alle Länder und Städte, alle Häfen und Eisenbahnen und Schiffahrtslinien der Welt. Man kann ihn fragen nach einem Museum oder einem Hotel, nach einem Kloster oder einem Wasserfall—ohne einen Augenblick zu zögern gibt er die beste Auskunft. Er plaudert gern über Reisen und Abenteuer zu Wasser und zu Lande, und niemals ist er langweilig, ob er die Alpen beschreibt oder ob er vom Nil erzählt, aber immer klingt eine stille Sehnsucht durch seine Schilderungen.

Punkt sechs Uhr setzt er seinen steifen Hut auf und geht nach seiner Wohnung. Alle Taschen sind vollgestopft mit Büchern, Reiseliteratur natürlich. Er isst sein kaltes Abendbrot, er sitzt in seinem kalten Zimmer und liest. Seine Seele wandert in Afrika und in Italien, in der Wüste und am Gelben Fluss, und sein Herz ist voll Sehnsucht. . . . wonach ?

Einst sagte ich zu ihm im Scherz : ,, Sie sind der grösste Weltbummler, den ich kenne. Sagen Sie mir, wo sind Sie noch nicht gewesen ? '' Da lächelte er traurig und sagte : ,, Ich bin noch nie aus Hamburg herausgekommen,''

Im Buchladen

Ich möchte ein Geschenk machen, können Sie mir etwas empfehlen ? . .	I should like to make a present, can you recommend me something ?
Darf ich fragen, für wen es ist ?	May I ask for whom it is ?
Für einen Backfisch, aber ein sehr begabtes Mädel .	For a flapper, but a very gifted girl.
Interessiert sie sich für Dichtkunst ? .	Is she interested in poetry ?
Ich glaube, sie würde gern eine Liebesgeschichte lesen	I am sure she would like to read a love story.
Dann empfehle ich H. Seidel .	Then I recommend H. Seidel.
Gibt es nicht moderne Märchen ? . . .	Are there any modern fairy tales ?

Hier ist eine Reihe Volks-märchen	Here is a series of folk stories.
Sind die chinesischen gut ?	Are the Chinese ones good ?
Es hängt vom Geschmack ab	It depends on your taste.
Ich brauche eine gute Kunst-geschichte	I need a good history of Art.
Hier ist etwas Ähnliches : *Sehen und Erkennen*.	Here is something similar : *See and Recognize.*
Wie heisst der Verfasser ?	Who is the author ?
Paul Brandt. Wollen Sie es ansehen ?	Paul Brandt. Will you have a look ?
Ausgezeichnet. Welcher Verlag ist es ?	Excellent. Who has published it ?
Es steht auf dem Umschlag : A. Kroner, Leipzig	It says on the cover : A. Kroner, Leipzig.
Wer hat *Die Schöne Heimat* herausgegeben ?	Who has edited *Beautiful Homeland?*
Es sind illustrierte Bücher von Langewiesche	These are the illustrated books by Langewiesche.
Wer die Wahl hat, hat die Qual !	He who has the choice has the torture.
Eine Frage im Vertrauen : Welches ist Ihr Lieblings-buch ?	A confidential question : Which is your favourite book ?
Das ist eine Doktorfrage	That is a tricky question.
Ich bin Ihrer Ansicht. Was halten Sie von A. Fendrich ?	I am of your opinion. What do you think of A. Fendrich ?
Sie haben gut geraten. Er ist einer meiner Lieblings-schriftsteller	You have well guessed. He is one of my favourite writers.
Meiner meinung nach ist sein Buch *Der Wanderer* unver-gleichlich.	In my opinion his book *The Wanderer* is incomparable.
Haben Sie eine Übersetzung von J. H. Oldham : *Leben heisst Gemeinschaft* ?	Have you got a translation of Oldham : *Life is Meeting* ?
Nein, aber wir haben ein ähnliches Buch von Buber : *Ich und Du*	No, but we have a similar book by Buber : *I and Thou.*
Behandelt es spiritistische Probleme ?	Does it deal with spiritualistic problems ?
Nein, es hat nichts mit dem Übersinnlichen zu tun	No, nothing to do with the supernatural.

Können Sie mir ein Buch empfehlen, das von einem jungen Schriftsteller verfasst ist ?

Can you recommend a book written by a young author ?

Lesen Sie *Otto Braun* aus dem Inselverlag . .

Read *Otto Braun* published by Inselverlag.

Wovon handelt es ? . .

What is it about ?

Es sind gesammelte Briefe und Tagebuchblätter eines Genies

It is collected letters and pages from the diaries of a genius.

Ich will es bestellen und einen Band Neue Dichtkunst .

I will order it and a volume of New Poetry.

Soll ich es zuschicken ? .

Shall I send it on ?

Danke verbindlichst, ich kann es selbst tragen . .

Much obliged, I can take it myself.

Möchten Sie einen Kriminal-Roman sehen ? . .

Would you like to see a detective story ?

Ich glaube, wir beide haben einen besseren Geschmack

I think we two have a better taste.

Verzeihen Sie, ich wollte Sie nicht kränken . . .

Forgive me, I did not mean to hurt you.

Ihre Tochter hat ein Kochbuch bestellt . . .

Your daughter has ordered a cookery book.

Und der gute Vater darf dafür zahlen ! . . .

And dear Daddy is allowed to pay for it !

Viel Vergnügen. Auf Wiedersehen

Much pleasure. Good-bye !

20. Aufgabe

Subordinating Conjunctions

Dependent sentences are introduced by subordinating conjunctions. What is a dependent and what is an independent sentence (or clause) ?

Der Herbst kommt. Autumn comes.
Die Königin lächelt. The Queen smiles.

These are independent sentences. They can stand alone. But : . . dass der Herbst kommt. . . . that autumn comes.

. . . als die Königin lächelte . . . when the queen smiled.

These clauses cannot stand alone, they are not finished they are called dependent and must be connected with an independent clause.

Exercise : Copy out the conjunctions in the following examples :

Ich verreiste, **als** ich Urlaub hatte.
I travelled when I had my leave of absence.
Ich trank, **da** ich durstig war.
I drank, since I was thirsty.

Ich arbeitete, **damit** ich Geld verdiente.
I worked so that I earned money.

Ich glaube, **dass** Sie ein Engel sind.
I think that you are an angel.

Er lachte, **als** er das sagte.
He laughed as he said that.

Ich freue mich, **wenn** ich Sie sehe.
I am glad when I see you.

Sie weinte, **während** sie den Brief las.
She cried while she read the letter.

Ich weiss nicht, **wann** ich zurückkomme.
I do not know when I return.

Er hat vergessen, **wie** man sich benimmt.
He has forgotten how one behaves oneself.

Ich lerne, **weil** es mir Freude macht.
I learn because it gives me pleasure.

Er gähnte, **nachdem** er das gelesen hatte.
He yawned after he had read that.

Exercise :
Read these sentences beginning with the **conjunction** !

Example :
Sie war im Hause, **als** ihr Mann ankam.
Als ihr Mann ankam, war sie im Hause.
Observe the changed word order of the first clause.

Note.—In all these dependent clauses the verb is flung right to the end.

Denkfrage

In einer Familie sind mehrere Knaben und mehrere Mädchen. Jeder Junge hat ebenso viele Brüder wie Schwestern und jedes Mädchen hat dreimal soviel Brüder wie Schwestern.

Wieviel Knaben und Mädchen sind es ?

ˈuǝɥɔpɐW z pun uǝqɐuʞ Ɛ : : ᵷunsǫ⅂

WORTSCHATZ

Zollhaus (n.)—*custom house*	zittern—*tremble*
Grenze (f.)—*frontier*	brüllen—*roar*
trauern—*mourn*	Blechbüchse (f.)—*tin*
Holzfäller (*m.*)—*woodcutter*	schnauzen—*bark*
leiden—*stand, suffer*	gehorchen—*obey*
wütend—*furious*	Ruck (m.)—*jerk*
Strafe (f.)—*punishment*	Versehen (n.)—*blunder*
knurren—*snarl*	Ameise (f.)—*ant*

Das Zollhaus

An der Grenze zwischen Bayern und Österreich ist ein bekanntes Zollhaus. Der alte Zollmeister war ein freundlicher Mann. Er ist jetzt tot, und die Leute trauern um ihn. Der neue Herr ist sehr unbeliebt. Er liebt es, allen das Leben schwer zu machen. Das weiss der Alois Huttenreuter. Er ist ein armer Holzfäller und muss jeden Tag über die Grenze gehen. Herr Schlamm (das ist der Name des Neuen) konnte den Alois vom ersten Tage an nicht leiden. Jeden Tag musste Alois seinen schweren Rucksack öffnen und alles herausnehmen. Alois war wütend und sagte : „ Der muss seine Strafe bekommen.‟

Am nächsten Tage kam er wieder am Zollhaus vorbei. Er zeigte seinen Grenzschein. „ Rucksack aufmachen,‟ knurrte Herr Schlamm. „ Ich habe nichts zu verzollen,‟ sagte Alois und schien zu zittern. „ Kommen Sie in mein Büro,‟ brüllte der Beamte. Alois zitterte noch mehr. Im Büro musste er seinen Rucksack öffnen. Eine grosse Blechbüchse war darin. „ Aufmachen,‟ schnauzte Herr Schlamm. Alois gehorchte. Es war schwer die Büchse zu öffnen. Endlich, ein Ruck . . . und aus Versehen . . . fiel die Büchse auf die Erde. Tausende von Ameisen kamen heraus und liefen über das ganze Haus. „ Scheren Sie sich zum Teufel,‟ schrie Herr Schlamm. Draussen standen viele Leute. Herr Schlamm bekam einen roten Kopf. Er hat sich gebessert, denn er dachte : „ Es könnte noch schlimmer kommen.‟

Aber wochenlang waren Ameisen in allen Schränken und Betten.

Nähern wir uns der Grenze ?	Are we near the frontier ?
Es sind noch zwei km .	Two km still.
Wo ist Ihr Gepäck ?	Where is your luggage ?
Wie lange dauert es ?	How long does it take ?
In der Regel zwanzig Minuten	Twenty minutes as a rule.
Sind die Beamten sehr streng ?	Are the officers very strict ?
Die Schweizer sind sehr gemütlich	The Swiss are very friendly.
Kann man sie bestechen ?	Can one bribe them ?
Um Gotteswillen seien Sie nicht so verrückt	For heaven's sake do not be stupid.
Was würde geschehen ?	What would happen ?
Sie würden verhaftet .	You would be arrested.
Pässe bereit halten, bitte !	Get your passports ready, please.
Wo ist Ihr Sichtvermerk ?	Where is your visa ?
Letzte Seite, bitte schön	Last page, please.
Stimmt, ganz in Ordnung	It is correct, quite in order.
Haben Sie etwas zu verzollen?	Anything to declare ?
Parfüm, Wein, Zigarren, Seide, Pelz ?	Perfume, wine, cigars, silk, fur ?
Nur Spielzeug für meine Kinder	Only toys for my children.
Das ist nicht zollfrei, Sie müssen Zoll zahlen .	That is not duty free, you must pay duty
Ich werde mich beschweren. Wo ist Ihr Vorgesetzter	I will complain. Where is your superior ?
Kommen Sie mit mir. Sie werden untersucht werden	Come with me. You will be searched.
Ich weigere mich. Ich will den Konsul anrufen	I refuse. I shall phone the Consul.
Wenn Sie Widerstand leisten, muss ich die Polizei holen .	If you resist I must call the police.
Sie sind ein frecher Schuft	You are an impudent scoundrel.

Sie sind verhaftet. Sie können die Reise nicht fortsetzen . | You are arrested. You cannot continue your journey.

Schliesen Sie den Koffer auf ! | Unlock your trunk !

Ich habe keinen Schlusel . | I have no key.

Macht nichts, ich habe einen Dietrich . . . . | Doesn't matter, I have a master key.

Hier ist eine goldene Uhr mit Brillianten . . . | Here is a gold watch with diamonds.

Warum haben Sie sie verborgen ? | Why have you hidden it ?

Ich habe die Uhr schon seit drei Jahren . . . | I had this watch for three years already.

Das ist nicht wahr. Hier ist die Etikette des Verkäufers | That is not true. Here is the label of the seller.

Seien Sie vernünftig, ich gebe Ihnen 40 Mark, wenn Sie schweigen . . . | Be reasonable, I will give you £2 if you keep quiet about it.

Ich werde Ihre Uhr beschlagnahmen, Sie werden mit 600 Mark bestraft und für Beleidigung eines Beamten mit 100 Mark | I will confiscate the watch, you are fined £30 and for insulting an official you must pay £5.

Was ist in Ihrem Koffer ? . | What is in your suit case ?

Nur Unterwäsche und . . Strümpfe | Only underwear and stockings.

Soll ich aufschnallen ? . . | Shall I unstrap ?

Danke, es genügt . . | Thanks, it'll do.

Nun fährt der Zug wieder . | Now the train is moving.

Warum schmunzeln Sie ? . | Why do you smirk ?

Er hat meine Zigarren nicht entdeckt . . . | He has not discovered my cigars.

Denken Sie, das ist ehrlich ? . | Do you think it is honest ?

Das geht Sie nichts an. . | That is no business of yours.

Ich will mich nicht mit Ihnen zanken | I shall not quarrel with you.

Ich schäme mich und will es nie wieder tun | I am ashamed of myself and shall never do it again.

Wo ist Ihr grosses Gepäck ? | Where is your big luggage ?

Ich habe es vorausgeschickt . | I have sent it in advance.

Sind Sie versichert ? . . | Are you insured ?

Selbstverständlich . . | It goes without saying.

Das war eine aufregende Fahrt | That was an exciting journey.

21. Aufgabe

The Personal Pronoun

Der Lehrer spricht—Ich spreche, du sprichst, etc.
We know the Personal Pronouns **ich, du, er, sie, es, wir, ihr, sie, Sie.**

Nominative	Accusative	Dative
ich	mich	mir
du	dich	dir
er	ihn	ihm
sie	sie	ihr
es	es	ihm
wir	uns	uns
ihr	euch	euch
sie	sie	ihnen
Sie	Sie	Ihnen

The **Accusative** of the Personal Pronoun.

Er sieht den Lehrer	Er sieht **mich** (me)
Ich bitte Gott	Ich bitte **Dich** (Thee)
Ich höre den Vater	Ich höre **ihn** (him)
Ich kenne die Frau	Ich kenne **sie** (her)
Er holt das Buch	Er holt **es** (it)
Ich treffe die Freunde	Ich treffe **sie** (them)
Er ruft die Freunde	Er ruft **uns** (us)
Ich frage die Kinder	Ich frage **euch** (you)
Ich zähle die Schüler	Ich zähle **sie** (them)
Ich warne den Dieb	Ich warne **Sie** (you)

The **Dative** of the Personal Pronoun.

Er dankt dem Lehrer	Er dankt **mir**
Ich vertraue Gott	Ich vertraue **dir**
Er vergibt dem Feinde	Er vergibt **ihm**
Sie hilft der Mutter	Sie hilft **ihr**
Ich antworte dem Kinde	Ich antworte **ihm**
Er hilft den Studenten	Er hilft **uns**
Ich befehle den Kindern	Ich befehle **euch**
Ich danke den Freunden	Ich danke **ihnen**
Ich gehorche dem Lehrer	Ich gehorche **Ihnen**

Note.—When translating " I thank you " think of it as :
I give thank to you. In the same way : I give help to you,
I give answer to you, etc.

WORTSCHATZ

verblüfft—*bewildered*	Schweinehund (m.)—*rotter*
Schutzmann (m.)—*policeman*	Gesetz (n.)—*law*
pünktlich—*punctual*	Schuster (m.)—*cobbler*
gewönlich—*usual*	unschuldig—*innocent*
schlug—*struck*	ungefähr—*about*
unruhig—*restless*	Umstehende (m.)—*bystanders*
geschehen—*happened*	Pudel (m.)—*poodle*
Totenstille (f.)—*dead silence*	Wachtmeister (m.)—*constable*

Der verblüffte Schutzmann

Wenn Kaiser Wilhelm II in Berlin war, ritt er jeden
Freitag Punkt 12 Uhr nach dem Tempelhofer Feld.   So
pünktlich war er, dass man die Uhr darnach stellen konnte.

Wieder war es Freitag. Eine Menge wartete wie gewöhnlich vor dem Schlosse. Die Uhr schlug zwölf, und . . . der
Kaiser kam nicht. Die Menge wurde unruhig. Was ist
geschehen ? Totenstille herrschte.

Da hörte man eine Stimme :   „ Wo bleibt nur dieser
Schweinehund ? "   Nun muss man wissen, die Gesetze
über Majestäts-Beleidigung waren ausserordentlich hart.

Ein grosser Schutzmann ging zu dem Sprecher und sagte
mit drohender Stimme :   „ Wen haben Sie gemeint ? "

Der Angeredete war ein typischer Berliner Schusterjunge
von ungefähr 17 Jahren.   Er lachte unschuldig und erwiderte :
„ Nu, den Fritze, was mein Kollege ist.   Er wollte hier
sein. . . ." Die Umstehenden lachten und der Schutzmann
sah aus wie ein Pudel, der ins Wasser gefallen ist.

Nach einer Weile sagte der Junge zum Schutzmann (aber
von weitem) : „ Herr Wachtmeister, wen haben Sie denn
gemeint ? "

Auf der Polizei-Wache	At the Police Station
Was wünschen Sie ? . .	What do you want ?
Mein Papagei ist fortgeflogen.	My parrot has escaped. I
Ich bin so unglücklich .	am so unhappy.
Liebes Fräulein, was soll ich	Dear Miss, what am I to
denn tun ? . . .	do ?
Eine Notiz aushängen, ich	Put up a notice, I will pay
zahle zwanzig Mark Beloh-	twenty Marks reward.
nung	
Das will ich gern für Sie tun .	I will do that for you with
	pleasure.

Hoffen wir das Beste	Let us hope for the best.
Was haben Sie auf dem Herzen ?	What is your trouble ?
Mein Nachbar hat mich schwer beleidigt	My neighbour has grossly insulted me.
Wie heisst er und was hat er gesagt ?	What is his name and what did he say ?
Er hat mich Schwein genannt und hat gesagt, ich soll zum Teufel gehen	He has called me a swine and told me to go to the devil.
Und darum kommen Sie zu mir ?	And therefore you come to me ?
Wohin soll ich denn gehen ?	Where else could I go ?
Sie müssen einen Rechtsanwalt fragen. Guten Morgen	You must ask a lawyer. Good morning.
Der Nächste, bitte	Next, please.
Ich muss mich über meinen Nachbar beschweren	I must complain about my neighbour.
Was ist denn los ?	What is wrong ?
Die Martens haben den ganzen Tag das Radio an und immer bei offenem Fenster	The Martens people have the radio on all day long with the window open.
Bringen Sie mir drei Unterschriften, dann können wir eingreifen	Bring me three signatures, then we can interfere.
Ach, ich habe solche Angst	Oh, I am so afraid.
Was ist denn geschehen ?	What has happened ?
Der Martens hat gedroht, er will mir alle Knochen zerbrechen	That man Martens has threatened he will break all my bones.
Wir können Ihnen nur helfen, wenn es wirklich geschehen ist. Auf Wiedersehen	We can only help you when it has actually happened. Good morning.
Was ist Ihr Anliegen ?	What is your worry ?
Einbrecher sind in unserem Hause gewesen	Burglars have been in our house.
Haben Sie eine Ahnung, wer es gewesen ist ?	Have you any idea who it was ?
Zwei Bettler waren gestern bei uns, sie sahen so verdächtig aus	Two beggars came to us yesterday. They looked so suspicious.

Ich werde sofort die Kriminalpolizei anrufen . .	I shall at once phone the C.I.D.
Bitte warten Sie einen Augenblick	Please wait for one moment.
Wir wollen sogleich Fingerabdrücke nachsehen . .	We will immediately have a look at fingerprints.
Sind Sie versichert ? . .	Are you insured ?
Nur gegen Feuer . .	Only against fire.
Geben Sie mir eine Liste der gestohlenen Sachen . .	Give me a list of the stolen things.
Bitte der Nächste. Um was handelt es sich ?	Next, please. What is wrong ?
Wir werden jede Nacht gestört	We are being disturbed every night.
Von wem ?	By whom ?
Von den Leute über uns. Der Mann ist ein Trinker. Er kommt spät nach Haus und dann geht es los. Er schlägt die Frau, sie verdient es, aber	By the people above us. The man is a drunkard. He comes home late and then it starts. He beats his wife, she deserves it, but. . . .
Machen Sie eine schriftliche Anzeige. Guten Morgen .	Make a written statement. Good morning.

GESETZ UND GERICHT

Verbrecher (m.) *criminal*
Dieb (m.)—*thief*
Taschendieb (m.)—*pickpocket*
Einbrecher (m.)—*burglar*
Räuber (m.)—*robber*
Mord (m.)—*murder*
Totschlag (m.)—*manslaughter*
Betrüger (m.)—*cheat*
Schurke (m.)—*rascal*
Fälscher (m.)—*forger*
Wilddieb (m.)—*poacher*
Schmuggler (m.)—*smuggler*
erpressen—*blackmail*
Hehler (m.)—*receiver*
Mitschuldiger (m.)—*accomplice*
Selbsmord (m.)—*suicide*
Anschlag (m.)—*assassination*
unterschlagen—*embezzle*
Leichenbeschauer (m.)—*coroner*
Richter (m.)—*judge*
Gericht (n.)—*court*

Prozess (m.)—*lawsuit*
Staatsanwalt (m.)—*public prosecutor*
Zeuge (m.)—*witness*
Schwur (m.)—*oath*
Meineid (m.)—*perjury*
Geschworener (m.)—*juror*
Urteil (n.)—*verdict*
Freispruch (m.)—*acquittal*
Kläger (m.)—*plaintiff*
Angeklagter (m.)—*defendant*
Berufung (f.)—*appeal*
Verurteilung (f.)—*condemnation*
Hinrichtung (f.)—*execution*
Galgen (m.)—*gallows*
Henker (m.)—*hangman*
Landgericht (n.)—*country court*
Amtsgericht (n.)—*district court*
Kriegsgericht (n.)—*court martial*
Reichsgericht (n.)—*supreme court*

4*

In jedes Menschen Gesichte
Steht seine Geschichte,
Sein Hassen und Lieben
Deutlich geschrieben :
Sein innerstes Wesen
Es tritt hier ans Licht—
Doch nicht jeder kanns lesen,
Verstehn jeder nicht.

Bodenstedt.

22. Aufgabe

Possessive Pronoun

mein	my	ünser	our
dein	thy	euer	your
sein	his	ihr	their
ihr	her		
sein	its	**Ihr**	your

These Possessive Pronouns are declined like " ein " and " kein."

Nominative :

der Vater		die Mutter		das Land		
mein Vater		meine Mutter		mein Land		= my
dein	,,	deine	,,	dein	,,	= thy
sein	,,	seine	,,	sein	,,	= his
ihr	,,	ihre	,,	ihr	,,	= her
sein	,,	seine	,,	sein	,,	= its
unser	,,	unsere	,,	unser	,,	= cur
euer	,,	euere	,,	euer	,,	= you⌐
ihr	,,	ihre	,,	ihr	,,	= their
Ihr	,,	Ihre	,,	Ihr	,,	= your

Genitive : meines Vaters meiner Mutter meines Landes
Dative :   meinem Vater meiner Mutter meinem Lande
Accusative: meinen Vater meine Mutter mein Land

Note.—How do you translate : ihr and Ihr, sie and Sie ?

Ich sehe die Frau = ich sehe sie = her.
Ich sehe die Männer = ich sehe sie = them.
Ich sehe den Mann = ich sehe Sie = **you.**
Das ist das Haus der Mutter = ihr Haus = her house.
Das ist das Haus der Soldaten = ihr Haus = their house.
Das ist der Hut des Lehrers = das ist Ihr Hut, Herr Lehrer
    = your hat.

WORTSCHATZ

Fahrrad (n.)—*bicycle*	wackeln—*wobble*
versuchen—*try*	Gefallen (m.)—*favour*
aufsteigen—*mount*	Bengel (m.)—*urchin*
tuten—*hoot*	genau—*exactly*

Ich lerne radfahren

Vor der Gartentür stand das Rad meines Onkels Franz.
„ Warum soll ich es nicht einmal versuchen ? " dachte ich.
Ich wusste, wie man aufsteigt. Ich fuhr los. Es ging wunderbar. Da hörte ich hinter mir ein Auto. Es tutete. Was sollte ich tun ? Es war nicht wunderbar. Ich konnte nicht absteigen. Die Lenkstange fing an zu wackeln und jemand schrie : „ Schafskopf, weiche doch aus." Wie gerne hatte ich ihm den Gefallen getan. Ich wollte, aber das Rad war bockbeinig. Jetzt kam von vorn ein zweites Auto. In meiner Angst fuhr ich ganz nach rechts. Was weiter geschah, das weiss ich nicht. Ich lag in einem Bett. Mein Kopf war verbunden. Am Bett stand der Vater, und der Doktor sagte zu ihm : „ Es ist nicht lebensgefährlich." Die Mutter weinte und Onkel Franz sagte : „ Der Bengel ist genau so wie ich, ha ha ha."

Ist das Ihr eigenes Fahrrad ?	Is that your own bicycle ?
Na, denken Sie, ich habe es gestohlen ? . . .	Well, do you think I have stolen it ?
Erst gekauft ? . . .	Just bought ?
Funkelnagelneu . . .	Brand new.
Es sieht so blitzeblank aus .	It looks so spick and span.
Ich reinige es jeden Tag .	I clean it every day.
Ich möchte ein altes kaufen .	I should like to buy one second-hand.
Freilauf natürlich . .	Freewheel of course.
Ist die Lenkstange nicht zu tief ?	Isn't the handlebar rather low ?
Ich habe die Griffe nicht gern zu hoch . . .	I do not fancy having the handles too high.
Der Rahmen scheint sehr fest zu sein	The frame seems to be very strong.
Ja, und die Bremse ist sehr zuverlässig . .	Yes, and the brake is very reliable.
Die Kette braucht etwas Öl .	The chain needs some oil.
Und das Kugellager auch .	And so does the ball bearing.
Die Klingel ist etwas rostig .	The bell is somewhat rusty.

Sie scherzen, nichtwahr ? .	You are joking, aren't you ?
Was ist in der Satteltasche ?	What is in the saddle bag ?
Der Schraubzieher und die Ölkanne	Screwdriver and oilcan.
Ist nicht diese Speiche etwas locker ?	Isn't this spoke a bit loose ?
Ich will mal nachsehen .	Let's have a look at it.
Wie ist Ihre Übersetzung ? .	What is your gear like ?
Ziemlich klein . . .	Rather small.
Wieviel kostet ein Gummi-reifen ?	How much is a tyre ?
Ich glaube 10 Mark, aber ich weiss es nicht bestimmt .	I think 10 Marks, but I am not sure.
Sind Sie oft im Gebirge ? .	Are you often in the mountains ?
Nein, ich liebe es nicht berg-auf, bergab zu fahren .	No, I do not like going uphill —downhill.
Findet man gute Unterkunft?	Can one find good accommodation ?
Ich gehe in Jugendherbergen	I go to youth hostels.
Wo kann ich ein Rad mieten ?	Where can I hire a bike ?
Bei Frommelt, Sie müssen 100 Mark hinterlegen . .	At Frommelt's, you must deposit £5.
Fahren Sie jetzt ab ? .	Do you start now ?
Ich will Ihnen erst ein Kunst-stück zeigen	I will first show you a trick.
Ein wenig grosstun ? . .	Bit showing off ?

Der Spielmann

In Mainz war einst ein Spielmann, so alt und wunderlich, dass keiner mehr nach seiner Geige tanzen mochte. So ging er mit den Bettlern auf die Gassen und spielte seine Lieder den Leuten vor, die da vorübergingen.   Doch weil schon damals jeder seine eigene Plage auf dem Rücken trug, so gab es wenig Ohren, die ihm zuhörten, und noch weniger Batzen in den Hut, so dass er immer mehr den bitteren Hunger leiden musste.

Da ging er eines Tages in die Kirche, der Mutter Gottes seine schwere Not zu klagen. Und wie er vor dem Gnadenbild die Kerzen sah und das Geschmeide, das ihr geopfert worden war—nur seine Taschen waren leer—, da nahm er die Geige vor und dachte, sie möge wohl um seiner leeren Armut willen sich mit seinem Spiel begnügen, wenn auch die

Menschen es nicht mehr von ihm begehrten. So fing er gläubig an, zu geigen, und obwohl die Hand sehr mit dem Bogen zitterte, floss alle Traurigkeit des Alters mit in sein Spiel, so dass er selber dabei fröhlich wurde wie in der Jugend. Da sah er, wie die milden Augen lieblich nach ihm sahen und wie die schmalen Lippen freundlich lächelten. Und als er fertig war mit seinem Spiel, da warf sie ihm den goldenen Schuh von ihrem Fuss herunter. Obwohl er wunderlich erschrocken war, nahm er ihn eilends auf als ihre Gabe und ging zum Goldschmied, um ihn einzulösen.

Wie der den alten Mann besah, schien ihm der goldene Schuh verdächtig, so dass er nach den Häschern schickte. Die nahmen ihn sogleich gefangen, und weil dem armen Manne das Märchen von dem Schuh kein Richter glauben wollte, so wurde er am dritten Tag mit einer Schlinge um den Hals hinausgeführt. Da bat er sich als letzte Gabe aus, dass er noch einmal vor dem Gnadenbilde spielen dürfe; und weil den Menschen die letzte Bitte eines jeden, der vom Leben geht, von jeher heilig war, so liessen sie den alten Mann gewähren, trotzdem sie seinen törichten Wunsch verspotteten. Doch wie die Häscher noch lachend mit ihm vor dem Bilde standen und ihm die Geige gaben, obgleich der Strick ihm an dem Halse hing, fing er an, das gleiche Lied zu spielen. Und wieder sahen ihn die milden Augen lieblich an, und ihre schmalen Lippen lächelten, und wie er fertig war mit seiner Melodie, da warf sie ihm den anderen goldenen Schuh in seinen Hut. Darüber bekamen die Häscher und alle, die dahinter standen, einen schweren Schrecken, dass manche in die Knie hinsanken vor dem Wunder und ihn die Häscher eilends vor den Richter führten; worauf die Stadt für seine alten Tage so reichlich sorgte, dass er den Spielmannshut fortab auf seinem greisen Kopfe behalten konnte.   W. Schäfer.

Fragenbildung

Ein alter, wunderlicher Spielmann spielte auf der Strasse den Leuten seine traurigen Lieder vor.

Wer spielte ? Was tat der Spielmann ? Wo spielte er ? Wem spielte er die Lieder vor ? Was für Lieder spielte er ? Was für ein Spielmann war es ?

In der Kirche zu Mainz klagte er der Mutter Gottes seine bittere Not.

Was tat er ?—Wer klagte ?—Wo klagte er ?—In welcher

Kirche klagte er ?—Wer klagte ?—Wo klagte er ?—In welcher
Kirche klagte er ?—Wem klagte er ?—Wessen Mutter war
es ?—Was klagte er ?—Wie war die Not ?
Vor seinem Tode wollte der alte Geiger noch einmal am
Altare spielen.

Wer wollte spielen ?—Was für ein Geiger wollte spielen ?—
Was wollte der Geiger tun ?—Wann wollte er spielen ?—
Wo wollte er spielen ?

Spruch

Nun seid getrost, so lang ist keine Nacht,
Dass nicht auch ihr zuletzt ein Tag erwacht.

23. Aufgabe
Word Order

Example A.

Der Knabe arbeitet.	The boy works (As in German).
Er arbeitet nun.	Nun arbeitet er.
Er arbeitet am Sonntag.	Am Sonntag arbeitet er.
Er arbeitet mit dem Vater.	Mit dem Vater arbeitet er.
Er arbeitet im Haus.	Im Haus arbeitet er.

RULE.—If the subject is preceded by another word then the
inverted word order follows.

Example B.

Das Kind weint. Es ist hungrig.
Das Kind weint, da es hungrig ist.
Das Kind weint, weil es hungrig ist.

Ich bin zum Doktor gegangen. Ich bin krank gewesen.
Ich bin zum Doktor gegangen, weil ich krank gewesen bin.
Weil ich krank gewesen bin, bin ich zum Doktor gegangen.
Ich gehe in den Garten, wenn die Sonne scheint.
Wenn die Sonne scheint, gehe ich in den Garten.

RULE.—If the subject is preceded by a sentence the
inverted word order follows.

Exception.

After und, oder, aber, denn follows the normal word order.
Die Sonne scheint, und ich arbeite im Garten.
Die Sonne scheint nicht, aber ich arbeite im Garten.
Ich arbeite im Hause, denn es regnet.

Note.—(1) In a main clause the prefix of a separable verb is placed at the end of the sentence :

ankommen : Ich kam am Freitag in Berlin an.
abreisen : Ich reiste mit meiner Schwester von Köln ab.

(2) In a dependent clause the prefix is not separated from the verb :
ankommen : Es regnete, als ich in Hamburg ankam.
abreisen : Weine nicht, wenn ich nun abreise.

(3) The Past Participle is placed at the end of a sentence :
Ich habe den ganzen Abend im Theater gelacht.
Wir sind in den Ferien nach dem Schwarzwald gefahren.

(4) The infinitive is placed at the end of the sentence :
Ich will mir eine Taschenlampe kaufen.
Ich muss mit Ihnen unter vier Augen sprechen.

(5) The inverted word order is used in questions :
Ist das nicht ein verrückter Kerl ?
Ist das nicht ein Blödsinn ?
Sind Sie nun ganz glücklich ?

Lohn der Arbeit

Eine Arbeit kann dreierlei Lohn tragen. Der erste Lohn ist der, welcher in Geld bezahlt wird ; der zweite besteht in dem Bewusstsein, Fleiss und Mühe an ein Werk gewandt zu haben ; der dritte liegt in dem Nutzen, den die Arbeit anderen Menschen trägt. Der ist der beste.

WORTSCHATZ

Zukunft (f.)—*future*
Glück (n.)—*happiness*
ziehen—*wander*
Zecher (m.)—*drinker*
Weide (f.)—*pasture*
plötzlich—*suddenly*
gleiten—*glide*
Möve (f.)—*sea gull*

Zauberschloss (n.)—*enchanted castle*
drücken—*press*
köstlich—*precious*
Donner (m.)—*thunder*
Traum (m.)—*dream*
Gasrechnung (f.)—*gas bill*

Die Autofahrt

War es Frühling oder war es Herbst, war es Morgen oder war es Abend—ich weiss nur, wir waren zusammen. Wir fuhren zusammen, wohin ? Ins Leben, in die Zunkunft, ins Glück ? . . . ich kann es nicht sagen. Ich weiss nur eins : ein Mann und eine Frau, du und ich, ich und du. Wir prachen kein Wort. Wälder und Dörfer zogen vorüber.

Die Kinder auf der Strasse, die Zecher vor den Gasthäusern,
die Kühe auf der Weide, sie alle schienen zu lächeln und
mit uns glücklich zu sein. Und plötzlich standen wir am
Meere, du und ich. Segelschiffe glitten vorüber. Möven
flogen durch die Luft. Am Himmel grosse silberne Wolken—
oder waren es Zauberschlösser ? Du drücktest leise meine
Hand . . . wie köstlich ist das Leben, wenn man nicht
alleine steht.

Ein lautes Donnern : ,, Herr Doktor, der Gasmann ist
da ! " Meine Wirtin weckte mich. Ich war aus einem Traum
erwacht. Die Gasrechnung machte M 83,35 für ein Vierteljahr. Und ich hatte noch M 4,27 für die ganze Woche.
Und heute ist Dienstag.

> Willst du immer weiter schweifen ?
> Sieh, das Gute liegt so nah.
> Lerne nur das Glück ergreifen,
> Denn das Glück ist immer da.   Goethe.

DAS AUTO

Auto (n.)—*motor car*	Nummerschild (n.)—*licence plate*
Wagengestell (n.)—*chassis*	Führerschein (m.)—*driving licence*
Motorhülle (f.)—*bonnet*	
Steuer (n.)—*steering wheel*	
Windschutz (m.)—*wind screen*	Füllstation (f.)—*tank station*
Vierrad-Bremse (f.)—*fourwheel brake*	schleudern—*skid*
zweiter Gang (m.)—*second gear*	Bremse versagt—*brake fails*
Umschalthebel (m.)—*gear lever*	Fahrer (m.)—*driver*
Fensterputzer (m.)—*screenwiper*	Zweisitzer (m.)—*roadster*

Sind Sie ein vorsichtiger Fahrer ?	Are you a cautious driver ?
Sie können sich mir anvertrauen	You can trust me.
Riskiere ich nicht mein kostbares Leben ?	Do I not risk my precious life ?
Sind Sie nicht in einer Lebensversicherung ?	Have you not a life-insurance?
Das klingt ja hoffnungsvoll .	Well, that sounds cheerful.
Sind Sie Selbstfahrer ? . .	Do you drive yourself ?
Wollen Sie mich zur Autoausstellung fahren ?. .	Will you drive me to the Motor Car Exhibition ?
Aber ich muss einen Umweg machen	But I must make a detour.
Das schadet nichts . .	Doesn't matter.

Kennen Sie diese Vorstadt ?	Do you know this suburb ?
Ist es eine Siedlung ? . .	Is this a settlement ?
Warum halten Sie ? . .	Why do you stop ?
Wegen des roten Verkehrs-zeichens	Because of the red traffic light
Sind Sie schon bestraft worden ?	Have you ever been fined ?
Ich hatte nur eine Verwarnung	I only had a caution
Ist das der kürzeste Weg ? .	Is this the short cut ?
Ich will nur die Strassen-kreuzung vermeiden	I will only avoid this crossing.

WORTFAMILIE FAHREN

fahren—*drive*
Gefahr (f.)—*danger*
Gefährte (m.)—*companion*
Fahrt (f.)—*journey*
gefährlich—*dangerous*
ungefähr—*approximately*
Fahrzeug (n.)—*vehicle*
Fahrplan (m.)—*time-table*
Fahrstrasse (f.)—*high road*
Fuhre (f.)—*cart load*

Fuhrmann (m.)—*carrier*
Fuhrlohn (m.)—*cartage*
Fähre (f.)—*ferry*
Fährgeld (n.)—*toll for the ferry.*
Fahrgleis (n.)—*rut*
fahrlässig—*careless*
Fahrstuhl (m.)—*lift*
Fährte (f.)—*track*
Furche (f.)—*furrow*
Fahrgast (m.)—*passenger*

Morgengesang

1. Verschwunden ist die finstre Nacht,
die Lerche schlägt, der Tag erwacht,
die Sonne kommt mit Prangen
am Himmel aufgegangen.
Sie scheint in Königs Prunkgemach,
sie scheinet durch des Bettlers Dach,
und was in der Nacht verborgen war,
das macht sie kund und offenbar.

2. Lob sei dem Herrn und Dank gebracht,
der über diesem Haus gewacht,
mit seinen heil'gen Scharen
uns gnädig wollt' bewahren !
Wohl mancher schloss die Augen schwer
und öffnet sie dem Licht nicht mehr ;
drum freue sich, wer neu belebt
den frischen Blick zur Sonn' erhebt !

                                Schiller.

24. Aufgabe

werden = become

Present Tense		Imperfect	
ich werde .	I become	ich wurde	. I became
du wirst .	thou becomst	du wurdest	. thou didst become
er wird .	he becomes	er wurde	. he became
wir werden.	we become	wir wurden	. we became
ihr werdet .	you become	ihr wurdet	. you became
sie werden .	they become	sie wurden	. they became
Sie werden .	you become	Sie wurden	. you became

Perfect

ich bin geworden	I have become
du bist geworden	thou hast become
er ist geworden	he has become
wir sind geworden	we have become
ihr seid geworden	you have become
sie sind geworden	they have become
Sie sind geworden	you have become

Conjugate :

ich werde arm	ich wurde Millionär
werde ich gesund ?	wurde ich sein Freund ?
ich werde Arzt	nie wurde ich zum Schwindler

Ich bin in der letzten Zeit reich geworden.
Bin ich nicht ein Künstler geworden ?
Ich bin sehr zufrieden geworden.

WORTSCHATZ

Erfindung (f.)—*invention*
übernehmen—*take over*
Verwaltung (f.)—*management*
bestehen—*consist*
Sender (m.)—*transmitter*
Empfänger (m.)—*receiver*
Leitung (f.)—*contact*
Draht (m.)—*wire*
Hufeisen (n.)—*horseshoe*
Blech (n.)—*sheet iron*

Scheibe (f.)—*disc*
Kupfer (n.)—*copper*
Tonwelle (f.)—*sound wave*
berühren—*touch*
entstehen—*originate*
laufen—*run*
Verbindung (f.)—*connection*
d.h. = das heisst—*i.e.*
einbauen—*build in*
verstärken—*amplify*

Der Fernsprecher

Der Fernsprecher oder das Telefon ist eine Erfindung des Engländers Graham Bell.   Er erfand es im Jahre 1876. Bis zum Jahre 1912 war der Telefondienst in den Händen einer Privatfirma.   Später übernahm die Post die gesamte Verwaltung.   Die Deutsche Reichspost hat ein Reichs-Telefonamt.

In seiner einfachsten Form besteht der Fernsprecher aus : Sender, Empfänger, Leitungsdraht, Hufeisenmagnet und Blechscheibe.   Der Magnet ist mit Kupferdraht umwickelt. Wenn man spricht, entstehen Tonwellen, die Blechscheibe fängt an, zu vibrieren, berührt den Magneten und ein elektrischer Strom entsteht.   Dieser Strom läuft durch den Verbindungsdraht und am anderen Ende vibriert die Blechscheibe, d.h. man kann am Empfänger hören.   Durch ein eingebautes Mikrophon werden die Töne verstärkt.

Ohne Telefon ist modernes Leben kaum vorstellbar.   Man denke nur an Polizei, Arzt, Feuerwehr und natürlich die Geschäftswelt.   Heute können wir von Erdteil zu Erdteil sprechen.   Vielleicht trägt bald ein jeder sein eigenes Telefon in der Tasche bei sich.

Darf ich Ihr Telefon benutzen ?	May I use your phone ?
Sehr gern	With pleasure.
Ist es nicht besetzt ? .	Is it not engaged ?
Geben Sie mir den Hörer	Give me the receiver.
Es ist eine Störung . .	There is a disturbance.
Soll ich das Amt anrufen ?	Shall I ring up the Exchange ?
Wollen Sie ein Stadtgespräch	Do you want a local call ?
Nein, ein Vorortgespräch	No, a toll call.
Ich will ein Ferngespräch haben	I want a trunk call.
Ich will im Telefonbuch nachsehen	I will look up in the directory.
Haben Sie die Nummer nach gesehen ? . . .	Have you looked up the number ?
Haben Sie Anschluss ? .	Have you connection ?
Ist das Gespräch unterbrochen ?	Is the call interrupted ?
Merken Sie sich die Nummern ?	Do you remember numbers ?
Ich behalte alle Nummern im Kopfe	I keep all numbers in my head.

Wie bekomme ich Auskunft ?	How can I get information ?
Rufen Sie an " O " . .	Dial " O "
Wer meldet sich ? . .	Who answers ?
Der Ingenieur . . .	The engineer.
Hatten Sie die falsche Nummer ?	Had you the wrong number ?
Waren Sie zerstreut ? . .	Were you absent minded ?
Wo ist die nächste Telefon-zelle ?	Where is the next phone box ?
Legen Sie den Empfänger nieder	Put down the receiver.
Versuchen Sie es noch einmal .	Try it again.
Stecken Sie zehn Pfennige in den Schlitz	Put a penny in the slot.
Nehmen Sie eine gute Münze .	Take a good coin.
Es klingelt bim bim bim bim	It rings ding ding ding.
Es ist das Zeichen für " besetzt "	It is the sign for " engaged."
Warten Sie ein Weilchen .	Wait a little while.
Wie hoch ist der Jahresbei-trag ?	How much is the yearly con-tribution ?
Haben Sie hohe Rechnungen ?	Have you a big bill ?
Bitte sprechen Sie deutlich und langsam . . .	Please speak distinctly and slowly.

Ein Telefongespräch

Ort : Das Büro einer Höheren Töchterschule in Frankfurt a. M.

Personen : Dr. Elisabeth Schuricht, die Direktorin. Fräulein Grete Baumann, die Sekretärin. Willy Reinhart, ihr Verlobter.

Das Telephon klingelt.

Dr. S. : Hallo. Hier ist zwo eins zwo Null zwo.

W. : Guten Morgen, mein süsser Liebling !

Dr. : Hier ist Dr. Schuricht, Sie sind falsch verbunden.

W. : Du kleiner Spassvogel, verstell dich doch nicht. Weisst du, was ich von dir geträumt habe ?

(in diesem Augenblick erscheint Fräulein Baumann und Dr. Schuricht sagt mit freundlichem Lächeln.)

Dr. S. : Jemand wünscht, Sie zu sprechen. (Exit.)

G. : Hallo. Wer dort ?

W. : Na was ist denn das ? Es war eine Unterbrechung.

G. : O Willy, du hast eben mit der Cheföse gesprochen. Ich bin sehr böse. Du sollst doch nicht in der Schule anrufen.

W. : Verzeih, mein Schatz, ich hatte solche Sehnsucht.

G. : Du bist so leichtsinnig. Was hast du denn gequatscht ?

W. : O nichts. Wollen wir heute ins Kino gehen ?

G. : Nein, ich bin wütend.

W. : Wollen wir uns im Café treffen ?

G. : Ich hasse dich, nein.

W. : Gut, dann lade ich Maria Waldmüller ein.

G. : O Willy, sei nicht grausam. Ich bin um sechs vor dem Wiener Café. Auf Wiedersehen, mein Lieber.

W. : Auf Wiedersehen, mein Schatz.

Ein Herr ruft das Amt an : ,, Bitte, Park Null zwo Null zwo acht." Die Telephonistin antwortet : ,, Aber das ist doch Ihre eigene Nummer." Der Herr : ,, Zum Kuckuck, kann ich denn nicht mit mir selbst sprechen ? "

WORTFAMILIEN

wohnen—*dwell*
Wohnung (f.)—*flat*
Einwohner (m.)—*inhabitant*
Gewohnheit (f.)—*habit*
Wohnzimmer (n.)—*living-room*
gewöhnlich—*common*
ungewöhnlich—*strange*
verwöhnen—*spoil*
gewöhnen—*accustom*
Wohnungssuche—*flat hunting*
bewohnbar—*habitable*
Wohnort (m.)—*place of residence*
Wohnungsnot (f.)—*shortage of flats*
Wohnungsnachweis (m.)—*information as to lodgings*
wissen—*know*
Wissenschaft (f.)—*science*
Wissenschaftler (m.)—*scientist*
wissenschaftlich—*scientific*
Weisheit (f.).—*wisdom*
weise—*wise*
bewusst—*conscious*
Bewusstsein—*consciousness*

Gewissen (n.)—*conscience*
wissentlich—*on purpose*
gewiss—*certain*
unbewusst—*without knowing*

Berg (m.)—*mountain*
Gebirge (n.)—*mountains*
Burg (f.)—*fortress*
Bürger (m.)—*citizen*
Bergwerk (n.)—*mine*
Bergmann (m.)—*miner*
Herberge (f.)—*hostel*
Bergung (f.)—*salvage*
verbergen—*hide*
Verborgenheit (f.)—*seclusion*
Bergsteiger (m.)—*mountaineer*
Berggeist (m.)—*gnome*
Bergspitze (f.)—*summit*
Bergakademie (f.)—*school of mining*
Bergrutsch (m.)—*landslide*
Bergstrom (m.)—*torrent*
Bergschlucht (f.)—*gorge*
Bürgeschaft (m.)—*bail*

Heimliche Liebe

Kein Feuer, keine Kohle kann brennen so heiss
Als heimliche Liebe, von der niemand was weiss.
Keine Rose, keine Nelke kann blühen so schön,
Als wenn zwei verliebte Seelen bei einander tun stehn.
Setz du einen Spiegel ins Herz mir hinein,
Damit du kannst sehen, wie treu ich es mein.

Volkslied.

25. Aufgabe

Future Tense

The Future Tense is formed with the Auxiliary " **werden.**"

ich werde sein	I shall be	ich werde haben	I shall have
du wirst sein	thou wilt be	du wirst haben	
			thou shalt have
er wird sein	he will be	er wird haben	he will have
wir werden sein	we shall be	wir werden haben	
			we shall have
ihr werdet sein	you will be	ihr werdet haben	
			you will have
sie werden sein	they will be	sie werden haben	
			they will have
Sie werden sein	you will be	Sie werden haben	
			you will have

In the same way is formed : ich werde leben, du wirst leben.

Note.—The infinitive is always placed at the end of the sentence :

Ich werde morgen bei meinem Lehrer in der deutschen Stunde sein.
Ich werde nächstes Jahr ein Haus an der See haben.
Ich werde morgen einen Spaziergang im Walde machen

Conjugate :

Ich werde morgen ein Theaterstück sehen.
Ich werde diesmal Glück haben.

Ich werde nicht in Europa bleiben.
Ich werde immer zufrieden sein.
Werde ich immer hier wohnen ?

Note.—The Germans frequently use the present tense
to express the future :

Ich gehe morgen in die Stadt . I shall go to town tomorrow.
Er reist nächste Woche weg . He will go away next week.

WORTSCHATZ

Körper (m.)—*body*	Sehnsucht (f.)—*longing*
Wiege (f.)—*cradle*	Friede (m.)—*peace*
Grab (n.)—*grave*	Kraft (f.)—*strength*
Langeweile (f.)—*boredom*	Erwartung (f.)—*expectation*
Wiese (f.)—*meadow*	wert—*valuable, worth*
offenbaren—*manifest*	Abenteuer (n.)—*adventure*
Welle (f.)—*wave*	Enzian (m.)—*gentian*
Geheimnis (n.)—*secret*	Bodensee (m.)—*Lake Constance*
Unruhe (f.)—*unrest*	Traube (f.)—*grape*
treiben—*urge*	verschneit—*snow-bound*

Vom Wandern

Die Erde wandert um die Sonne. Das Blut wandert in
unseren Adern. Das Wasser wandert vom Gebirge zum Meere.
Unser Leben ist ein Wandern von der Wiege bis zum Grabe.

Warum wandern die Menschen ? Um wegzufliehen von
Alltag und Langeweile und Sorgen ? Oder um hinzufliehen
zu Berg und Wald, Feld und Wiese, zu Blumen, Tieren und
einfachen Menschen ? Der rechte Wanderer sucht die Stille
und die reine Schönheit, darin sich Gott offenbart. Der
rechte Wanderer fühlt wie Byron :

Sind Berge, Wellen, Himmel nicht ein Teil
Von mir und meiner Seele, ich von ihnen ?

Dichter wissen um dieses Geheimnis und die grossen Maler
und Musiker, **müssen** wandern, weil es ihnen im Blute
steckt. Die grosse Unruhe treibt sie, die grosse Sehnsucht, am
Herzen der Natur zu ruhen, um bei ihr Frieden und Kraft zu
finden.

Mit dem Packen des Rucksackes fängt es an. Welche
Erwartung, welche Vorfreude. Vergiss nur nicht dein
Gedichtbuch ! Soll man allein wandern oder zu zweien oder
dreien ? Wenn du einen Freund hast, der dir ganz lieb und
wert ist, dann gehe mit ihm durch Gottes Wunderwelt

allein zu zweien.   Sonst ist es vielleicht weiser, zu dritt zu
wandern.   Bist du allein, dann warten Abenteuer auf dich
an jeder Wegkreuzung.   Wann soll man wandern ?   Im
Frühling blüht der Enzian in den bayrischen Bergen.   Im
Sommer ruft der Bodensee.   Geh an den Rhein im Herbste,
wenn die Trauben reifen.   Meine stille Liebe ist der Winter.
Doch von seiner Liebe kann man nicht sprechen.   Nimm
deine Skier und fahre durch den verschneiten Winterwald—
dann wirst du mich verstehen.

An die Natur

Süsse, heilige Natur,
Lass mich gehn auf deiner Spur.
Leite mich an deiner Hand,
Wie ein Kind am Gängelband.

Wenn ich dann ermüdet bin,
Sink' ich dir am Busen hin,
Atme süsse Himmelslust,
Wie ein Kind an Mutterbrust.

Ach, wie wohl ist mir bei dir.
Will dich lieben für und für ;
Lass mich gehn auf deiner Spur,
Süsse, heilige Natur.

Stollberg.

Wandern Sie gern ?	Do you like hiking ?
Wann nehmen Sie Ihre Ferien ?	When do you take your holiday ?
Gehen Sie zu Fuss oder radeln Sie ?	Do you walk or cycle ?
Was ziehen Sie vor, Frühling oder Herbst ?	What do you prefer, spring or autumn ?
Kennen Sie das Erzgebirge ?	Do you know the Ore-Mountains ?
Warum heisst es so ?	Why are they called so ?
Wo macht man Spielzeug ?	Where do they make toys ?
Im oberen Erzgebirge .	In the upper Ore-Mountains.
Sind Sie selbst dort gewesen ?	Have you been there yourself ?
Haben Sie Bekannte dort ?	Have you acquaintances there ?

Verstehen Sie die Mundart ?	Do you understand the dialect ?
Wo werden Musikinstrumente fabriziert ? . . .	Where are musical instruments manufactured ?
Bei Markneukirchen . .	Near Markneukirchen.
Spielen Sie gern Geige ? .	Do you like to play violin ?
Hören es Ihre Nachbarn gern ?	Do your neighbours like it ?
Hatten Sie manchmal Abenteuer ?	Have you sometimes had adventures ?
Ja, mit Wilddieben und . Zigeunern	Yes, with poachers and gipsies.
Haben Sie Wandervögel getroffen ?	Have you met " Hikers ? "
Ja, in Jugendherbergen .	Yes, in youth hostels.
Wieviele Jugendherbergen gibt es in Deutschland ? . .	How many youth hostels are there in Germany ?
Ungefähr 3,600 . . .	About 3,600.
Ist das eine gute Sache ? .	Is this a good institution ?
Ja, ein wahrer Segen für die Jugend . . .	Yes, a real blessing for young people.
Haben Sie Handwerksburschen getroffen ?	Have you met journeymen ?
Ich kann sie nicht leiden .	I can't stand them.
Haben Sie bei Mutter Grün übernachtet ? . . .	Have you slept in the open air ?
Selten. Ich ziehe ein Zelt vor	Seldom. I prefer a tent.
Zeichnen Sie, wenn Sie ,, auf Fahrt " sind ?	Do you sketch when hiking ?
Ja, mit Holzkohle . .	Yes, with charcoal.
Sitzen Sie gern am Lagerfeuer ?	Do you like sitting by a camp fire ?
Ja, besonders zur Sonnenwende	Yes, especially at Solstice.
Waren Sie im Ausland ? .	Have you been abroad ?
Ja, aber ich leide an Heimweh	Yes, but I suffer from nostalgia.
Warum gehen Sie nicht mit einem guten Gefährten ? .	Why do you not go with a good companion ?
Weil ich ein Einsiedler bin .	Because I am a hermit.
Das ist doch Quatsch . .	That is mere nonsense.
Sind Sie ein Bergkraxler ? .	Do you go in for climbing ?
Was heisst das ? . .	What does it mean ?

Es ist ein Spitzname für Kletterer	It is a nickname for climbers.
Wo sind die schönsten Wälder in Ihrer Heimat ? . .	Where are the most beautiful forests in your country ?
In Thüringen und im Schwarz- wald	In Thuringia and in the Black Forest.
Wandern Sie auch bei schlechtem Wetter ? . .	Do you also hike in bad weather ?
Der Chinese sagt : ,, Es gibt kein schlechtes Wetter, nur verschiedene gute Wetter."	The Chinese say : " There is no bad weather, only differ- ent kinds of good weather."

Der frohe Wandersmann

1. Wem Gott will rechte Gunst erweisen
Den schickt er in die weite Welt ;
Dem will er seine Wunder weisen
In Berg und Wald und Strom und Feld.

2. Die Bächlein von den Bergen springen,
Die Vöglein schwirren hoch vor Lust.
Was sollt ich nicht mit ihnen singen
Aus voller Kehl' und frischer Brust ?

3. Den lieben Gott lass' ich nur walten ;
Der Bächlein, Lerchen, Wald und Feld
Und Erd und Himmel, will erhalten,
Hat auch mein Sach' aufs best bestellt.

Eichendorff.

26. Aufgabe

Passive Voice

When you say : I hit, then you do something, you are **active**.

When you say : I am hit, something is done to you, you are **passive**.

These two forms of the verb are called **Active Voice** and **Passive Voice**.

The Passive Voice, in German is formed with werden = become.

Present

ich werde geschlagen	I am hit.
du wirst geschlagen	thou art hit.
er wird geschlagen	he is hit.
wir werden geschlagen	we are hit.
ihr werdet geschlagen	you are hit.
sie werden geschlagen	they are hit.
Sie werden geschlagen	you are hit.

Imperfect

ich wurde geschlagen	I was hit.
du wurdest geschlagen	thou wert hit.
er wurde geschlagen	he was hit.
wir wurden geschlagen	we were hit.
ihr wurdet geschlagen	you were hit.
sie wurden geschlagen	they were hit.
Sie wurden geschlagen	You were hit.

Perfect

ich bin geliebt worden	I have been loved.
du bist geliebt worden	thou hast been loved.
er ist geliebt worden	he has been loved.
wir sind geliebt worden	we have been loved.
ihr seid geliebt worden	you have been loved.
sie sind geliebt worden	they have been loved.
Sie sind geliebt worden	you have been loved.

Note.—Although you say ich bin geworden you must drop the " ge " in : ich bin geliebt worden.

Observe how the subject becomes the object :

Der Knabe streichelt die Katze. The boy strokes the cat.
Die Katze wird von dem Knaben gestreichelt. The cat is stroked by the boy.

Das Feuer zerstört das Haus. The fire destroys the house.
Das Haus wird durch das Feuer zerstört. The house is destroyed by the fire.

If the agent is a person you use " von," otherwise you use " durch."

There is an Impersonal Passive :

Es wird gelacht, Literally : it is laughed, correct : There is laughter. . . .

Hier wird gesungen, literally : here is sung, correct here we sing.

Remember these phrases :

Hier wird Deutsch gesprochen = German spoken.
Das wird sich machen = that will be all right.
Das wird sich zeigen = that remains to be seen.

DIE STADT

Rathaus (n.)—*town hall*	Brunnen (m.)—*well*
Botschaft (f.)—*Embassy*	Feuerwehr (f.)—*fire brigade*
Börse (f.)—*stock exchange*	Kirche (f.)—*church*
Kaserne (f.)—*barracks*	Taufstein (m.)—*font*
Gefängnis (n.)—*prison*	Hauptschiff (n.)—*nave*
Krankenhaus (n.)—*hospital*	Seitenschiff (n.)—*aisle*
Waisenhaus (n.)—*orphanage*	Schloss (n.)—*palace*
Sternwarte (f.)—*observatory*	Kloster (n.)—*convent*
Gasse (f.)—*lane*	Turm (m.)—*tower*
Stallgasse (f.)—*mews*	Bibliothek (f.)—*library*
Querstrasse (f.)—*cross road*	Abort (m.)—*lavatory*
Strassenecke (f.)—*street corner*	Brauerei (f.)—*brewery*
Marktplatz (m.)—*marketplace*	Volksküche (f.)—*soup kitchen*
Sackgasse (f.)—*cul de sac*	Schauspielhaus (n.)—*theatre*
Denkmal (n.)—*monument*	Vorstadt (f.)—*suburb*
Wasserleitung (f.)—*water supply*	Kirchhof (m.)—*cemetery*
Springbrunnen (m.)—*fountain*	Gas-anstalt (f.)—*gas works*

Wann wurde der Dom gebaut? When was the cathedral built ?

Zur Zeit Heinrichs des Voglers . . . . At the time of Henry the Fowler.

Von wem wurde der Grundstein gelegt ? . . . By whom was the foundation stone laid ?

Haben Sie das Hauptschiff bewundert ? Have you admired the nave ?

Von wem sind Sie geführt worden ? Who took you round ?

Wir hatten einen amtlichen Führer We had an official guide.

Wodurch ist der Kreuzgang zerstört worden ? . . Through what were the Cloisters destroyed ?

Haben Sie eine Rundfahrt gemacht ? . . . Have you been on a sightseeing tour ?

Nein, ich hasse Herdenbetrieb No, I hate being in herds.

Was hat Ihnen am meisten gefallen ? What did you like best ?

Der Marmorbrunnen . . The marble basin.

Wer ist der Baumeister ? . Who is the architect ?

Er ist ein italienischer Meister	He is an Italian master.
Wann ist freier Eintritt im Schloss ?	When is there free admission to the castle ?
Wird es noch bewohnt ?	Is it still inhabited ?
Nur gelegentlich	Only occasionally.
Wo kann man einige Erfrischungen bekommen ?	Where can one have refreshments ?
Was nennt man einen Dom ?	What is called a cathedral ?
Die Kirche eines Bischofs	The church of a bishop.
Haben Sie dem Gottesdienst beigewohnt ?	Did you go to service ?
War eine Trauung ?	Was there a wedding ?
Eine Kindtaufe ?	A baptism ?
Sind Sie auf den Turm gestiegen ?	Did you climb up the tower ?
Wurden Sie schwindlig ?	Did you become giddy ?
Nicht im geringsten	Not in the least.
Ist Ihnen alles erklärt worden?	Has everything been explained to you ?
Wurde Ihnen das Rathaus gezeigt ?	Was the town hall shown to you ?
Wollen Sie nicht in den Ratskeller gehen ?	Will you not go to the wine-cellar ?
Ist das ein wirklicher Keller ?	Is that a real cellar ?
Probieren Sie selbst !	See for yourself !
Wie weit ist es bis zur Sternwarte ?	How far is it to the observatory ?
Diese Strassenbahn bringt Sie in fünf Minuten hin	This tram will take you there in five minutes.
Wer spielt da an der Strassenecke ?	Who is playing there at the street corner ?
Ein Leierkastenmann	A street organ man.
Wann haben Sie Jahrmarkt ?	When is the fair ?
Dreimal im Jahre	Three times a year.
Gibt es da ein Kasperle-Theater ?	Is there a Punch and Judy show ?
Nein aber ein Karrussell	No, but a merry-go-round.
Was wird heute in der Oper gegeben ?	What is on at the opera ?
Der Fliegende Holländer	*The Flying Dutchman.*
Täuschen Sie sich nicht, ich dachte *Die Lustige Witwe ?*	Are you not mistaken, I thought *The Merry Widow i*

Sie sehen abgespannt aus, was ist los ? . . .	You look worn out, what is wrong ?
Ich habe es etwas übertrieben	I have overdone it a bit.
Stärken Sie sich mit einem Tässchen Kaffee . .	Strengthen yourself with a cup of coffee.

WORTFAMILIEN

schätzen—*value*
Schatz (m.)—*treasure, sweetheart*
schätzbar—*valuable*
unschätzbar—*invaluable*
Schatzamt (n.)—*treasury*
Schatzkanzler (m.)—*Chancellor of the Exchequer*
Schatzmeister (m.)—*treasurer*
Schatzkasten (m.)—*casket*
Schatzgräber (m.)—*treasure digger*

setzen—*set*
sitzen—*sit*
Sitzung (f.)—*meeting*
Satz (m.)—*sentence*
Satzung (f.)—*regulation*
Absatz (m.)—*heel*
Aufsatz (m.)—*composition*
Aussatz (m.)—*leprosy*
besetzen—*occupy*
Sessel (m.)—*seat, armchair*
versetzen—*pawn, move*

Sprüche

Ein wenig Grütze unter der Mütze ist gar viel nütze ;
Ein gutes Herz unter der Weste, das ist das Beste.

Ein frohes Herz, gesundes Blut
Ist besser als viel Geld und Gut.

Mit Gott fang' an, mit Gott hör' auf,
das ist der beste Lebenslauf.

Allzeit fröhlich ist gefährlich,
Allzeit traurig ist beschwerlich,
Allzeit glücklich ist betrüglich,
Eins ums andre ist vorzüglich.

Arbeit, Mässigkeit und Ruh
Schliessen dem Arzt die Türe zu.

Ein gutes Gewissen ist ein sanftes Ruhekissen.

27. Aufgabe

Interrogative Pronouns

wer ? = who ?   was ? = what ?
welcher ? = which ?   was für ein ? = what kind of ?

with what = mit was = wasmit, contracted : womit
in what = in was = wasin, contracted : worin.
about what = von was = wasvon, contracted : wovon.
through what = durch was = wasdurch, contracted :
  wodurch
of what = aus was, contracted : woraus

Independent clauses beginning with wer and was ; the verb
stands at the end of the sentence :

Ich weiss nicht, wer das **sagt.**
Ich weiss nicht, wer das gesagt **hat.**
Sagen Sie, was Sie **lernen.**

Declension of wer

Nom. : Wer ist das ? .   . Who is that ?
           Wessen Hut ist das ? Whose hat is that ?
           Wem gebe ich das ?   To whom do I give that ?
           Wen besuchen Sie ?   Whom do you visit ?

Womit streicht man die   What are walls painted with ?
  Wände ?
Worin schwimmt der Fisch ?   What does the fish swim in ?
Wovon haben wir gesprochen?   What have we spoken of ?
Wodurch ist es geschehen ?   . Through what has it happened?
Woraus wird Brot gemacht ?   What is bread made of ?
Worüber haben wir   What have we spoken about ?
  gesprochen ?
Wovon erzählt die Geschichte? What is the story about ?

WORTSCHATZ

losgehen—*start*   Flitterwochen (pl.)—*honeymoon*
rührend—*touching*   Aufwartung (f.)—*charwoman*
klopfen—*knock*   kündigen—*give notice*
bedauern—*pity*   frech—*impertinent*

Gross-Reinmachen

Frau Westermann und Frau Langhammer standen vor der Haustür und warteten auf den Milchmann. Beide Frauen wohnten zusammen in einem Zweifamilienhaus in einer Vorstadt von Dresden. Herr Westermann war ein Bankbeamter, während Herr Langhammer in dem Büro einer Holzhandlung arbeitete. ,, Sie sehen so traurig aus,'' sagte Frau Westermann, ,, fehlt Ihnen etwas ? '' Frau Langhammer sagte : ,, Gross-Reinmachen, ich bin schon krank, ehe es losgeht.'' ,, Warum schicken Sie Ihre Kinder nicht aus dem Hause ? Ich schicke meine immer zur Grossmutter. Dann sind sie aus dem Wege.'' ,, Mein Mann denkt, sie werden von den Grosseltern so verwöhnt.'' ,, Dann schikken Sie doch Ihren Mann mit den Kindern.'' ,, Ach nein, er sagt, er muss mir helfen.'' ,, Seien Sie doch dankbar. Ich finde das rührend.'' ,, Er kann ja nicht helfen. Wenn er einen Hammer nimmt, klopft er sich auf den Finger und ich muss ihn bedauern. Die Milch lässt er anbrennen und immer hat er schlechte Laune. Er sagt : Es riecht so nach Seife.'' ,, Mein Mann ist so ganz anders. Wenn alles blitzeblank ist, sagt er : , Wie in den Flitterwochen,' und er macht mir ein schönes Geschenk und auch unserer Aufwartung, der alten Hiemann.'' Der Milchmann kam. Da hörte man im Hause lautes Geschrei : ,, Mutt-iiiii, Mutt-iiiii, Paula ist aus dem Bett gefallen und die Nase blutet.'' Das war ein schlechter Anfang. Das Dienstmädchen kam herunter und sagte frech : ,, Ich kündige, es ist zu toll in diesem Hause.'' Arme Frau Langhammer. . .

WORTSCHATZ

wohlbestellt—*in good order*	krähen—*crow*
Erfolg (m.)—*success*	putzen—*clean*
verdanken—*owe*	erwarten—*expect*
bellen—*bark*	ausruhen—*rest*
heranschleichen—*stalk*	Lebensregel (f.)—*rule of life*

Drei gute Helfer

Der alte Rickmers war beliebt im ganzen Dorfe. Sein Haus schien gefüllt mit Glück und Sonnenschein und seine Felder waren wohlbestellt.

,, Nennen Sie mir das Geheimnis Ihres Erfolgs,'' sagte eines Tages ein Nachbar. ,, Wir arbeiten auch und tun unsere Pflicht. Aber bei Ihnen geht alles so viel besser.''

„ Ich glaube, das habe ich meinen drei Helfern zu verdanken."

„ Und wie heissen sie ? "

„ Der Haushund, der Haushahn und die Hauskatze," antwortete der alte Bauer.

„ Spassen Sie ? " engegnete der andere.

„ Nein, es ist mein Ernst. Der Haushund bellt, wenn ein Feind heranschleicht." Dann heisst es : „ Achtung." Der Haushahn kräht, wenn die Sonne aufgeht. Dann heisst es : „ Aufgestanden." Und die Katze putzt sich, wenn Gäste erwartet werden. Dann sage ich mir : „ Ausruhen."

„ Ich glaube, ich verstehe Sie," meinte der junge Nachbar. „ Ich soll die Augen offen haben, wenn Gefahr droht. Man soll früh an die Arbeit gehen und man soll mit guten Freunden fröhlich sein."

„ Sie haben recht, und meine drei Helfer erinnern mich an diese Lebensregel," erwiderte der alte, weise Landmann.

Nach Auerbach.

Sind Sie ein guter Bastler, Herr Nachbar ?
Ich arbeite gern in meiner kleinen Werkstatt.
Wo könnte ich mir eine einrichten ?
Haben Sie nicht einen Winkel in der Garage ?
Ja, aber keine Hobelbank.
Ein fester Tisch tut dasselbe. Kaufen Sie sich auch einen Schraubstock, der ist notwendig.
Können Sie mir ein paar Ratschläge geben ?
Mit dem grössten Vergnügen, wenn ich kann.
Die Röhre im Ausguss ist verstopft, was soll ich tun ?
Auf keinen Fall Soda nehmen. Das Beste ist eine Lösung von Borax, ziemlich stark, eine Stunde stehen lassen.
Was tut man gegen Kesselstein im Teekessel ?
Kochen Sie von Zeit zu Zeit mit Boraxwasser.
Womit reinige ich Messingwaren ?
Niemals Metallpolitur nehmen. Das hinterlässt weisse Spuren. Nehmen Sie Seifenwasser, trocknen Sie auf dem Ofen und polieren Sie mit dünner Möbelpolitur.
Wodurch kann ich die Löcher im Gasring offen halten ?
Ganz einfach, mit einem Pfeifenreiniger.
Wie putzt man Küchenmesser ?
Das beste Mittel, Flecke zu ent fernen, ist dies : Eine durchschnittene Kartoffel wird in Ziegelmehl getaucht, und dann muss man tüchtig reiben.

5–C.G.

Die Reibeisen sind so schwer reine zu halten.
Man legt sie in den Ofen, lässt warm werden und dann
fällt alles leicht ab.
Wie putzen Sie Ihre Fenster ?
Giessen Sie etwas Paraffin ins Wasser und reiben Sie mit
Zeitungspapier trocken.
Wie verwenden Sie alte Grammophonplatten ?
Ich lege sie in heisses Wasser. Sie werden ganz weich und
man kann Schalen für Blumenzwiebeln daraus machen.
In unserem Eimer ist ein Loch. Was tun ?
Ich stopfe Kitt in das Loch. Das hilft für eine Weile.

Are you a good handyman, Mr. Neighbour ?
I like to work in my little workshop.
How can I furnish one ?
Have you not a corner in your garage ?
Yes, but no workbench.
A strong table will do the same. Buy a vice too, it is
necessary.
Can you give me some advice ?
With the greatest pleasure, if I can.
The pipe in the sink is clogged, what am I to do ?
On no account take soda. The best is a solution of borax,
rather strong, leave standing for an hour.
What can one do against fur in a tea-kettle ?
Boil from time to time with borax water.
How do I clean Benares brassware ?
Never take metal polish. That leaves white marks. Take
soapy water, dry in oven and polish with thin furniture polish.
How can I keep the holes open in a gas ring ?
Quite simple, clean them with a pipe cleaner.
How does one polish kitchen knives ?
The best means to remove stains is this : a cut potato
is dipped in powder of brick and then rub vigourously.
It is so difficult to keep graters clean.
Put them in the oven, let them get warm and everything
crumbles away easily.
How do you clean your windows ?
Pour some paraffin into the water and rub with newspaper.
What do you do with old gramophone records ?
Put them into hot water. They become quite soft and then
you can mould them into bowls for bulbs.
There is a hole in our pail. What is to be done ?
Press putty into the hole. That helps for a while.

28. Aufgabe

The Relative Pronoun

We know already **der, die das** as Definite Articles : **der** Mann, **die** Hand, **das** Land = **the.**
But **der, die, das** have also the function of Relative Pronouns as seen in these examples :

Ein Mann, der im Hause wohnt, spielt Geige.
A man who lives in the house plays the violin.

Eine Frau, die mir hilft, kommt am Nachmittag.
A woman who helps me comes in the afternoon.

Ein Buch, das auf dem Tische liegt, wird Sie interessieren.
A book which lies on the table will interest you.

We know **welcher, welche, welches** as Interrogative Pronouns. Welcher, welche, welches can stand for der, die, das, as Relative Pronouns :

Ein Mann, welcher im Hause ist.
A man who is in the house.

Note.—The Relative Clause stands between two commas :

Der Kasten, der auf dem Tische steht, gehört mir.
The box which stands on the table belongs to me.

Der Knabe, welcher singt, ist ein Waisenkind.
The boy who sings is an orphan.

Die Frau, die wartet, ist Ausländerin.
The woman who is waiting is a foreigner.

derjenige, welcher = he-who

Derjenige, welcher das Geld findet, mag es behalten.
He who finds the money may keep it.

Diejenige, welche das Buch verlor, muss dafür zahlen.
She who lost the book must pay for it.

Derjenige, der die Wahrheit sagt, soll geehrt werden.
He who tells the truth shall be honoured.

WORTSCHATZ

stammen—*originate*	enstehen—*spring up*
belagern—*besiege*	überall—*everywhere*
besiegen—*defeat*	Erdball (m.)—*globe*
Kriegsgefangener (m.)—*P.O.W.*	Stoss (m.)—*batch*

Das Wiener Café

In der ganzen Welt findet man Wiener Cafés. Der Name stammt aus dem Jahre 1683. Die Türken hatten Wien belagert und wurden besiegt. Die Sieger fanden in den Zelten der Belagerer Säcke mit Kaffeebohnen. Kriegsgefangene zeigten die Kunst, Kaffee zu kochen. Bald entstanden überall in Wien Kaffeehäuser und Kaffeestuben, nicht nur in Wien, sondern überall auf dem Erdball. Wer den echten Wiener kennenlernen will, muss in ein Café in Wien gehen. Der Gast erhält seine Tasse Kaffee und drei Glas Wasser. Dann bringt der Kellner einen Stoss Zeitungen, und wenn man seinen Kaffee und alles Wasser getrunken hat, dann bringt der Kellner noch drei Glas Wasser. Wie ein Caféwirt bestehen kann, das weiss niemand.

Die Wiener sind sehr belesene Leute, sie sind gescheit und witzig und können sich gut unterhalten. Dabei sind sie sehr gastfreundlich und liebenswürdig gegen den Fremden.

Haben Sie schon bestellt ? .	Have you already ordered ?
Winken Sie dem Ober, bitte.	Beckon to the head waiter, please.
Es ist überfüllt hier . .	It is crammed full here.
Nehmen Sie schwarz oder weiss ? . . .	Do you take black or white coffee ?
Kann ich Tee haben ? .	May I have tea ?
Ich würde Ihnen nicht raten .	I should not advise it.
Aus welchem Grunde ? .	For what reason ?
Tee ist nicht gut hier . .	Tea is not good here.
Ist das Wasser schuld daran ?	Is the water to blame ?
Nein, es ist die Art zu kochen	No, it is their way of boiling.
Mögen Sie Schlagsahne gern ?	Are you fond of cream ?
Dumme Frage ! . . .	What a silly question !
Was für Torte wollen Sie haben ?	What kind of tart would you like to have ?
Was gibt es denn ? . .	What have they got ?
Erdbeer-, Aprikosen-, Pfirsichtorte . . .	Strawberry, apricot, peach tart.

Mir wird der Mund ganz wässrig . . .	My mouth is beginning to water.
Sind Sie ein Süssmäulchen ?	Are you a sweet-tooth ?
Ich liebe Leckerbissen . .	I am fond of dainties.
Dann müssen Sie Eis mit Waffeln probieren . .	Then you must try ice with wafers.
Es ist so schwer, einer Versuchung zu widerstehen .	It is hard to resist a temptation.
Die Dame mit dem weissen Schleier nickt Ihnen zu .	The lady in the white veil is nodding to you.
Es ist meine Schülerin. Sie hat deutsche Stunden bei mir	She is my pupil. She takes German lessons with me.
Ist sie begabt ? . .	Is she gifted ?
Beinahe so wie Sie . .	Almost like you.
Sie sind sehr boshaft . .	You are very malicious.
Ganz im Gegenteil, es war eine Schmeichelei . .	Quite the contrary, it was a flattery.
Ist sie nicht Schauspielerin ?	Is she not an actress ?
Nein, sie ist Ärztin, ihr Mann ist Schauspieler . .	No, she is a doctor, her husband is an actor.
Wollen Sie mich der Dame vorstellen ? . . .	Would you introduce me to the lady ?
O ja, Sie müssen Sie kennen lernen	Oh yes, you must get to know her.
Ist der Herr mit dem Klemmer ihr Bruder ? . . .	Is the gentleman with eye-glasses her brother ?
Nein, es ist ein berühmter Gelehrter	No, he is a famous scholar.
Verzeihen Sie, ich muss mich verabschieden . . .	Excuse me, I must say good-bye now.
Das kommt gar nicht in Frage	That is out of the question.
Ich lasse Sie nicht ausreissen .	I will not let you run away.
Wie wollen Sie es verhindern ?	How will you prevent it ?
Drehen Sie sich um. . . .	Turn round. . . .
Die Zigeunerkapelle fängt gleich an, zu spielen .	The gipsy band will start in a minute.
Aber ich habe eine so wichtige Verabredung . . .	But I have such an important appointment.
Ich will Sie nicht überreden, aber Sie werden viel versäumen	I will not persuade you, but you will miss a lot.

Abgemacht, ich will nachgeben auf eine Viertelstunde .	O.K., I will give in for one quarter of an hour.
Hören Sie: ,,Die blaue Donau!''	Listen,'' The Blue Danube!''
Ich bereue es nicht, dass ich hier geblieben bin . .	I am not sorry that I have stayed here.
Sie haben Ihr Taschentuch fallen lassen, darf ich es aufheben ? . . .	You have dropped your hand-kerchief, may I pick it up ?
Dankeschön. Auf Wie-dersehen . . .	Thanks so much. I hope to see you again.
Ober, bitte, zahlen . .	Waiter, please, the bill.
Ich möchte der Kapelle etwas stiften	I should like to give some-thing to the band.
Etwas Heurigen vielleicht ? .	Some New Wine, perhaps ?
Nein, geben Sie jedem Mann gemischtes Fruchteis .	No, give to every man mixed fruit ice.
Sie werden es zu schätzen wissen	They will know how to appreciate it.

Der Hammer

Eine Anschauungsstunde für kleine Kinder.
An Object lesson for Small Children.

Hier ist ein Hammer. Er gehört unserem Schulhausmann, Herrn Riehle. Der Hammer besteht aus zwei Teilen, das ist der Stiel oder der Griff, und dies ist der Kopf. Der Stiel ist aus zähem Eschenholz gemacht. Der Kopf ist stählern. Der Stiel steckt in dem Hammerauge. Er ist mit einem Keil befestigt, sonst würde er herausrutschen. Dieser Hammer kostet Rm. 3,50. Er ist von einem Wärkzeugarbeiter angefertigt. Es gibt Schmiede- Tischler-, Holzhämmer und noch viele andere Arten. Vor vielen tausend Jahren hatten die Menschen nur Steinhämmer.

Was ist das ? Aus welchen Teilen besteht ein Hammer ? Woraus ist der Stiel gemacht ? Woraus besteht der Kopf ? Wie ist das Eschenholz ?   Ist Pappelholz zäh oder spröde ? Ist Lindenholz zäh oder weich ? Ist Glas spröde oder zäh ? Woraus ist der Kopf gemacht ? Was ist härter, Eisen oder Stahl ? Was ist weicher : Kupfer oder Stahl ? Sind manche Hämmer aus Gold gemacht ? Gibt es heute hölzerne Häm-mer ? Gibt es heute steinerne Hämmer ? Womit ist der Griff befestigt ? Wie heisst das Loch im Kopf des Hammers ? Rutscht der Stiel manchmal heraus ? Wer benützt einen

Hammer ? Ist ein Hozhammer teurer oder billiger als ein Stahlhammer ? Wieviel kostet dieser Hammer ? Wem gehört er ? Wo hat ihn Herr Riehl gekauft ? Wer hat den Hammer angefertigt ?

Sprichwörter

Bet und arbeit',
So hilft Gott allzeit.

Fleiss bringt Brot,
Faulheit Not.

Müssiggang ist aller Laster Anfang.

29. Aufgabe

Irregular Verbs

Verbs like leben, lebte, gelebt, lieben, liebte, geliebt are called Weak Verbs, there is no change of vowel.

There are other verbs which change their vowels in the Past Tense and Past Participle. These are the Irregular Verbs.

Learn the following Irregular Verbs :

brennen	brannte	gebrannt	.	.	burn
kennen	kannte	gekannt	.	.	know
nennen	nannte	genannt	.	.	call
rennen	rannte	gerannt	.	.	run
senden	sandte	gesandt	.	.	send
wenden	wandte	gewandt	.	.	turn
wissen	wusste	gewusst	.	.	know
bringen	brachte	gebracht	.	.	bring
denken	dachte	gedacht	.	.	think

WORTFAMILIEN

brennen :
  Brand (m.)—*fire*
  Brennglas (n.)—*magnifying glass*
  Brennpunkt (m.)—*focus*

kennen :
  Kenntnis (f.)—*knowledge*
  erkennen—*recognise*
  Kenner (m.)—*connoisseur*
  kenntlich—*recognisable*

WORTFAMILIEN (cont.)

nennen :

Name (m.)—*name*
ernennen—*appoint*
nämlich—*namely*
Nenner (m.)—*denominator*

rennen :

Rennen (n.)—*race*
Rennpferd (n.)—*racehorse*
Rennbahn (f.)—*racecourse*

senden :

Sendung (f.)—*mission*
Gesandte (m.)—*ambassador,*
absenden—*post*
Versand (m.)—*despatch*

wenden :

verwenden—*use*
umwenden—*turn over*
Verwandte (m.)—*relative*

denken :

Gedanke (m.)—*thought*
Gedächtnis (n.)—*memory*
Andenken (n.)—*keepsake*

WORTSCHATZ

anschnallen—*strap*
Schnalle (f.)—*buckle*
Riemen (m.)—*strap*
Brett (n.)—*board*
umwenden—*turn*
beugen—*bend*
schauen—*gaze*

feierlich—*solemn*
glitzern—*glitter*
Eiszapfen (m.)—*icicle*
magisch—*magical*
spüren—*sense*
Nähe (f.)—*nearness*
Schöpfer (m.)—*Creator*

Ski-Fahren

Wenn Sie im Winter in Deutschland sind, müssen Sie auf jeden Fall das Skifahren lernen. Es ist sehr schnell und sehr leicht zu lernen. Die Skier werden angeschnallt, Sie stehen auf den ,, Brettln," Sie nehmen die Stöcke in die Hand, und sofort geht es los: eins, zwei, eins, zwei. Erst fahren Sie langsam und dann ein wenig schneller. Schon nach ein paar Minuten können Sie lange Strecken fahren. Lassen Sie sich zeigen, wie man umwendet und wie man hält. Beim Bergabfahren muss man die Knie beugen. Nie auf die Skier schauen, sondern immer geradeaus !

Wenn Sie sich sicher fühlen, dann können Sie in den Wald fahren. Sie werden sehen : es ist wie in einem Tempel. Besonders feierlich ist es in der Nacht bei Mondschein. Dann glitzern die langen Eiszapfen in magischem Lichte und jeder fühlende Mensch spürt die Nähe des grossen Schöpfers.

Bitte lesen Sie das Buch : *Der Skifahrer* von A. Fendrich.

Zauber der Winternacht

Winternacht
Winterpracht
Alles hell und schimmernd
rein wie Demant flimmernd

Winterpracht
Winternacht
Trotz der weiten Ferne
scheinen nah die Sterne.

Martin Greif.

Das brave Mütterchen

Es war im Winter und das Eis stand. Da beschlossen die Bewohner der Stadt Husum in Schleswig, auf dem Eise ein grosses Fest zu feiern. Sie schlugen Zelte auf, und die ganze Stadt, alt und jung, versammelte sich draussen. Die einen liefen Schlittschuh, die anderen fuhren im Schlitten. In den Zelten erscholl Musik ; Tänzer und Tänzerinnen schwenkten sich herum, und die Alten sassen an den Tischen und tranken eins. So verging der ganze Tag, und der helle Mond stieg auf ; aber der Jubel schien nun erst anzufangen.

Nur ein altes Mütterchen war in der Stadt zurückgeblieben. Sie war krank und gebrechlich und konnte ihre Füsse nicht mehr gebrauchen. Aber da ihr Häuschen auf dem Deiche stand, konnte sie von ihrem Bett aus aufs Eis hinaussehen und sich die Freude betrachten. Wie es nun gegen den Abend kam, da gewahrte sie, indem sie auf die See hinaussah, im Westen ein kleines, weisses Wölkchen, das eben an dem fernen Horizont aufstieg. Gleich befiel sie eine unendliche Angst. Sie war in früheren Tagen mit ihrem Manne zur See gegangen und verstand sich wohl auf Wind und Wetter. Sie rechnete nach : In einer kleinen Stunde wird die Flut da sein, dann ein Sturm losbrechen, und alle sind verloren. Da rief und jammerte sie so laut als sie konnte : aber niemand war in ihrem Hause, und die Nachbarn waren alle auf dem Eise. Niemand hörte sie. Immer grösser ward indes die Wolke und allmählich immer schwärzer, noch einige Minuten, und die Flut musste da sein, der Sturm losbrechen.

Da raffte sie all ihr bisschen Kraft zusammen und kriecht auf Händen und Füssen aus dem Bette zum Ofen. Glücklich findet sie noch einen Brand, schleudert ihn ins Stroh ihres Bettes und eilt, so schnell sie kann, hinaus, sich in Sicherheit zu bringen. Das Häuschen stand nun bald in Flammen, und wie der Feuerschein vom Eise aus gesehen ward, stürzte alles in wilder Hast dem Strande zu. Schon sprang der Wind auf und fegte den Staub auf dem Eise vor ihnen her. Der Himmel ward dunkel. Das Eis fing an zu knarren und zu schwanken. Der Wind wuchs zum Sturme, und als die letzten den Fuss aufs Land setzten, brach die Decke, und die Flut wogte an den Strand.

So rettete die arme Frau die ganze Stadt, und gab ihr Hab und Gut dahin zu deren Heil und Rettung.

K. Müllenhoff.

5*

Fragen

Wie heisst die Überschrift unseres Lesestückes ?—Wie
heisst der Verfasser ?—Wo spielt die Geschichte ?—Wo
wohnen die deutschen Angel-Sachsen ?—Wissen Sie, wann
sie nach England gekommen sind ?—Spricht man Hoch-
deutsch oder Plattdeutsch in Schleswig-Holstein ?—Wo
wurde das Fest gefeiert ?—Wie amüsierten sich die Leute ?—
Können Sie Schlittschuh fahren ?—Möchten Sie ein guter
Eisläufer werden ?—Was taten die Husumer in den Zelten ?
—Wer war zu hause geblieben ?—Warum ging sie nicht mit
den anderen ?—Was wird von ihr erzählt ?—Wo stand ihr
Häuschen ?—Was konnte sie betrachten ?—Was bemerkte
sie plötzlich ?—Wo erschien die Wolke ?—Warum verstand
sie sich auf das Wetter ?—Was war ihr Mann gewesen ?—
Was wusste sie nun ?—Was würde losbrechen ?—Was tat
sie in ihrer Angst ?—Wer hörte sie ?—Wie wurde die Wolke ?
—Was fürchtete die arme Witwe ?—Was tat sie ?—Was
dachten die Leute auf dem Eise ?—Was taten sie ?—Kam
die Ebbe oder die Flut ?—Haben die Einwohner von Husum
ihr gedankt ?—Was werden sie ihr gegeben haben, viel Geld,
ein besseres Haus, eine Danksagung in der Zeitung ?—
Kennen Sie eine ähnliche Geschichte von Opfermut ?—

Übung
Erzählen Sie die Geschichte in der Ichform, d. h. ein
Musikant erzählt oder das alte Mütterchen erzählt.

Anschauungsunterricht in Botanik
Das Himmelschlüsselchen

Das Himmelschlüsselchen ist eine Frühlingspflanze. Es
wächst auf der Wiese, im Walde und im Garten. Die Pflanze
besteht aus Wurzel, Stengel, Blatt und Blüte.

Die Wurzeln saugen die Nahrung aus der Erde. Der
Stengel ist der Träger der Blüte. Die Blätter atmen Stick-
stoff ein und atmen Sauerstoff aus. Die Blätter sind mit
einem Netzwerk von Adern bedeckt. Die Blüte besteht aus
Kelch, Blütenblättern, Staubgefässen und Stempel.

WORTSCHATZ

Schlüssel (m.)—*key*	Stamm (m.)—*trunk*
wachsen—*grow*	Blatt (n.)—*leaf*
bestehen—*consist*	Blüte (f.)—*blossom*
Stengel (m.)—*stem*	Blume (f.)—*flower*
Stiel (m.)—*stalk*	blühen—*blossom, bloom*

WORTSCHATZ (cont.)

Wurzel (f.)—*root*	Kelch (m.)—*calyx*
saugen—*suck*	Blütenblatt (n.)—*petal*
Stickstoff (m.)—*nitrogen*	Gefäss (n.)—*vessel*
Sauerstoff (m.)—*oxygen*	Staub (m.)—*dust*
Wasserstoff (m.)—*hydrogen*	Staubgefäss (n.)—*stamen*
Ader (f.)—*vein*	Stempel (m.)—*pistil*
bedecken—*cover*	Netzwerk (n.)—*network*

Fragen

Wie heisst diese Blume ?—Wo findet man sie ?—Aus welchen Teilen besteht die Pflanze ?—Was trägt der Stiel ?—Wie heisst das bei einem Baume ?—Was haben die Wurzeln zu tun ?—Wie sieht die Blüte aus ?—Wie heissen die einzelnen Teile der Blüte ?—Was haben die Blätter zu tun ?

30. Aufgabe

Time

Wann kommen Sie ?	When will you come ?
Wenn ich ankomme. . .	When I arrive. . .
Während ich weg war. . .	While I was away. . .
Während der Ferien	During the holidays.
Von nun an	From now on.
Seit letztem Mai	Since last May
Vor einigen Jahren	Some years ago.
Zur Zeit Karls	At the time of Charles.
Nach zwei Jahren	After two years.
Vor der Zeit Johanns	Before the time of John.
Nach dieser Zeit	After that time.
Nachdem er das getan hatte	After doing this.
Vorgestern	The day before yesterday.
Übermorgen	The day after tomorrow.
Jüngst	The other day.
In früheren Jahren	In former times.
Es war einmal	Once upon a time.
Vor acht Tagen	A week ago.
Vor vierzehn Tagen	A fortnight ago.
Den ganzen Tag	All day long.

WORTSCHATZ

aufweisen—*show*
besitzen—*possess*
Binnen—*inland*
Salzgehalt (m.)—*saline content*
gering—*little*
abnehmen—*decrease*
daher, darum—*for this reason*
namentlich—*chiefly*
Busen (m.)—*bay*
zufrieren—*freeze up*
häufig—*frequent*
Eisrand (m.)—*crust of ice*
früher—*former*
wiederholt—*repeatedly*
Eisrinde (f.)—*crust of ice*
Fussgänger (m.)—*pedestrian*
verkehren—*ply*
Tiefe (f.)—*depth*
betragen—*amount to*
Stelle (f.)—*place*
überschlagen—*tumble over*
Grund (m.)—*reason*
erquickend—*refreshing*
Seeluft (f.)—*sea air*
fördern—*benefit*
Gesundheit (f.)—*health*
Badegast (m.)—*visitor*

herbeieilen—*streamed hither*
erholen—*recuperate*
kräftigen—*strengthen*
ausdehnen—*last*
gewähren—*grant*
Einnahme (f.)—*income*
Bedeutung (f.)—*importance*
Handel (m.)—*trade*
bequem—*comfortable*
ermöglichen—*make possible*
beteiligen—*participate*
Meer (n.)—*sea*
leicht—*easy*
billig—*cheap*
beziehen—*buy*
Segel (n.)—*sail*
Dampf (m.)—*steam*
Kriegsschiff (n.)—*man-of-war*
Fluss (m.)—*river*
Mündung (f.)—*estuary*
baggern—*dredge*
Mole (f.)—*pier*
reichen—*reach*
Gewalt (f.)—*power*
Woge (f.)—*wave*
schützen—*protect*
zertrümmern—*destroy*

Die Ostsee

Ebbe und Flut, die alle Weltmeere und auch die Nordsee aufweisen, besitzt die Ostsee nicht. Sie ist ein Binnenmeer. Auch ihr Salzgehalt ist nur gering und nimmt nach Osten hin immer mehr ab. Daher kommt es auch, dass die Ostsee, namentlich in ihren nördlichen und östlichen grossen Busen, leicht zufriert. Auch an der pommerschen Küste entstehen zur Winterzeit häufig breite Eisränder ; ja in früheren Jahrhunderten ist wiederholt die ganze Ostsee mit einer so starken Eisrinde bedeckt gewesen, dass nicht nur Fussgänger, sondern auch Reiter und Schlitten auf ihr verkehren konnten. Die Tiefe der Ostsee ist nur gering. Sie beträgt an den meisten Stellen nicht über 20 m. Darum sind auch die Wellen bei starkem Winde nur kurz, und sie überschlagen sich leicht. Aus diesem Grunde ist die Schiffahrt auf der Ostsee sehr gefährlich.

Während der heissen Sommermonate laden die kühlen Fluten der Ostsee zu erquickendem Bade ein. Auch die

reine Seeluft am Strande wirkt erfrischend und stärkt die Gesundheit. In dieser Zeit herrscht deshalb an der ganzen pommerschen Küste, selbst in den einsamsten Stranddörfern, frisches fröhliches Leben. Tausende von Badegästen sind herbeigeeilt, um sich am schönen Strande zu erholen und ihre Gesundheit zu kräftigen. Bis Ende September dehnt sich die Badezeit aus, und sie gewährt den Strandbewohnern eine reiche Einnahme.

Die grösste Bedeutung hat die Ostsee für den Handel. Sie bildet eine bequeme Wasserstrasse, die es den Pommern ermöglicht, sich am Welthandel zu beteiligen. Waren können leicht und billig von allen Ländern bezogen werden. Darum ist die Ostsee von Segel-und Dampfschiffen, von Handels-und Kriegsschiffen belebt. Um eine bequeme Landung zu ermöglichen, hat man viele Häfen angelegt, und zwar in Flussmündungen. Diese sind durch Ausbaggerung vertieft und mit Molen versehen worden. Durch die Molen, die weit ins Meer hinausreichen, wird die Gewalt der Wellen gebrochen und der Hafen vor Versandung geschützt. Damit die Schiffe nicht in dunklen Sturmnächten auf den Strand geraten und durch die Brandung zertrümmert werden, hat man Leuchttürme errichtet, deren Licht bis 50 km weit aufs Meer hinausstrahlt.

Nach Daniel und Petrich.

Unterhaltung

Seit wann sind Sie hier ?	How long have you been here?
Seit voriger Woche	Since last week.
Wann werden Sie abreisen ?	When are you going to leave ?
Wenn das Wetter nicht anders wird, sehr bald	If the weather does not change, very soon.
Wann waren Sie das erste Mal hier ?	When did you come here for the first time ?
Vor drei Jahren .	Three years ago.
Was tun Sie den ganzen Tag ?	What do you do all day long ?
Ehrlich gesagt, ich faulenze gründlich	Frankly, I am thoroughly lazy.
Waren Sie schon auf dem Leuchtturm ?	Have you been to the light-house already ?
Nein, wir beobachteten eine Übung mit dem Rettungsboot	No, we watched a life-boat practice.

Was taten Sie am Strande ?	What did you do on the beach ?
Ich habe mit Schaufel und Eimer gearbeitet . .	I have worked with spade and bucket.
Also Sie haben Kindermädchen gespielt ?	Have you played nurse ?
Und wie haben Sie die Zeit totgeschlagen ?	And how did you kill time ?
Ich bin in der Brandung geschwommen	I had a swim in the surf.
Sie sind sehr gebräunt .	You are quite tanned.
Ja, die Luft bekommt mir ausgezeichnet . .	Yes, the air agrees with me excellently.
Ist es wert, ins Kabarret zu gehen ? . . .	Is it worth while going to the Cabaret ?
Auf jeden Fall müssen Sie den Zauberkünstler sehen .	You must see the conjuror at all events.
Der Bauchredner soll sehr gut sein	The ventriloquist is said to be very good.
Nein, sehr altbacken . .	No, very stale.
Sie meinen seine Witze ? .	You mean his jokes ?
Jawohl. Einige politische Anspielungen waren gut .	Some political allusions were good.
Wen hat er denn durch den Kakao gezogen ? . .	Whom did he wipe the floor with ?
Er hat für jeden einen Nasenstüber	He had a fillip, for everyone.
Wie steht es mit einer Segelfahrt heute abend ? .	What about a sailing tour tonight ?
Bedaure, ich habe eine Verabredung	Sorry, I have an appointment.
Einer allein ist nicht fein, und eine allein ist nicht fein. Aber einer und eine allein das ist fein nicht wahr ? .	One alone is not nice and another one alone is not nice, but one and one alone that is fine, eh ?

In der Töpferei

Wir besuchen einen Töpfer und beobachten, wie ein Topf gemacht wird.   Hier ist die Drehscheibe.   Der Arbeiter nimmt einen Klumpen Ton und wirft ihn auf die Mitte der Scheibe.   Er beginnt die Scheibe rasch zu drehen und formt mit nassen Händen den Klumpen.   Jetzt steckt er den Daumen in den Ton und macht ein Loch.   Das Loch wird

grösser und grösser. Nun beginnt die Arbeit mit zwei Händen. Wenn der Topf fertig ist, setzt der Töpfer den Henkel an. Das geht leicht. Der Topf wird mit einem Draht von der Scheibe geschnitten, auf ein Gestell gesetzt und muss trocknen. Am nächsten Tage kommt der Topf mit vielen anderen Gegenständen in den Brennofen. Hier wird er gebrannt. Zum Glasieren muss der Topf ein zweites Mal in den Brennofen gehen. Im Topfwarengeschäft wird er verkauft.

WORTSCHATZ

Topf (m.)—*pot*	fertig—*ready*
Töpferei (f.)—*pottery*	Henkel (m.)—*handle*
Töpfer (m.)—*potter*	Draht (m.)—*wire*
Drehscheibe (f.)—*potter's lathe*	Gestell (n.)—*shelf*
Klumpen (m.)—*lump*	Gegenstand (m.)—*object*
Ton (m.)—*clay*	Brennofen (m.)—*kiln*
Scheibe (f.)—*disc*	Glasur (f.)—*glaze*

Fragen

Woraus werden Töpfe gemacht ?—Worauf wird der Ton gelegt ?—Womit formt der Arbeiter den Topf ?—Welche Tätigkeit folgt nun ?—Wozu ist der Henkel da ?—Womit wird der Topf von der Scheibe gelöst ?—Wie lange muss der Topf brennen ?—Hat der Töpfer nicht die Schnauze vergessen ?—Gibt es Töpfe ohne Schnauzen ?—Haben Sie einmal probiert zu töpfern ?—Haben Sie vorgeschichtliche Töpfe im Museum gesehen ?—Waren es Ausgrabungen oder Nachahmungen ?

31. Aufgabe

The Infinitive

The Infinitive is used :

(1) **as an Imperative :**

Aufstehen ! = Get up ! Antreten ! = Fall in !

(2) **as a Noun :**

Rauchen verboten = Smoking prohibited.
Radfahren ist gesund = Cycling is healthy.
Reden ist Silber, Schweigen ist Gold.
Speech is silver, silence is gold.

(3)   **after Auxiliaries :**
>   Ich muss sprechen = I must speak.
>   Ich will wandern = I will wander.

But :   Ich wünsche, **zu** wandern = I want to wander.

(4)   **after zum, beim, vom :**
>   Zum Kochen braucht man Wasser = For cooking one needs water.
>   Beim Arbeiten kann man nicht sprechen = you cannot talk and work.

Note.—um zu = in order to :

Wir leben nicht, um zu essen, sondern wir essen um zu leben.
We do not live in order to eat, but we eat in order to live.

Infinitive without " zu " after certain words :

Ich bleibe liegen = I remain lying.
Ich helfe aufwaschen = I help to wash up.
Ich lerne tanzen = I learn to dance.
Ich gehe spazieren = I go for a walk.

But :   Ich mache einen Spaziergang = I take a walk.

SCHIFFE UND SCHIFFAHRT

Vorderteil (n.)—*prow*
Hinterkastell (n.)—*quarterdeck*
Reling (f.)—*Bulwark*
Kiel (m.)—*keel*
Fallreeptreppe (f.)—*accommodation ladder*
Schiffstreppe (f.)—*ladder*
Steuerrad (n.)—*steeringwheel*
Zwischendeck (n.)—*steerage*
Bugspriet (n.)—*bowsprit*
Gallionbild (n.)—*figure-head*
Geländer (n.)—*railing*
Luke (f.)—*hatch*
Backbord (n.)—*larboard*
Steuerbord (n.)—*starboard*
Rumpf (m.)—*hulk*
Koje (f.)—*berth*
Rettungsgürtel (m.)—*lifebelt*
Schiffsherr (m.)—*skipper*
Mannschaft (f.)—*crew*
Steuermannsmaat (m.)—*quartermaster*

Oberbootsmann (m.)—*boatswain*
Tonnengehalt (m.)—*tonnage*
auf Heimfahrt—*homeward bound*
gut aufgetakelt—*rigged shipshape*
Schiff in Not—*ship in distress*
Wasserverdrängung (f.)—*displacement*
Tiefgang (m.)—*draught*
Tiefladelinie (f.)—*plimsoll mark*
Bestimmungsort (m.)—*destination*
Anlegehafen (m.)—*port of call*
Schiffsladung (f.)—*cargo*
löschen—*discharge*
Heizer (m.)—*stoker*
Schnellsegler (m.)—*clipper*
Schleppdampfer (m.)—*tugboat*
Kielwasser (n.)—*wake*
Klippe (f.)—*crag*
leck (n.)—*leak*

Unterhaltung

Wie bekommt Ihnen die Seefahrt ?	How does the sea voyage agree with you ?
Wunderbar. Und Ihnen ?	Splendid. What about you ?
Leider bin ich kein Seefahrer	I have no sea legs.
Leiden Sie an Seekrankheit ?	Do you suffer from sea-sickness ?
Wissen Sie ein Mittel dagegen?	Do you not know a remedy ?
Ich binde mir immer einen Gürtel um das Zwerchfell .	I always tie a belt round the diaphragm.
Wollen wir von etwas anderem sprechen .	Let us talk of something else.
Nehmen Sie Ihr Fernglas. Sehen Sie den Segler am Horizont ?	Take your binoculars. Do you see the sailing boat on the horizon ?
Er will uns überholen .	She will overtake us.
Das wird ein interessantes Wettrennen	It is going to be an interesting race.
Wie lang ist das Schiff ?	How long is the boat ?
Es misst 200 m.	She measures 200 m.
Wann ist unser Schiff in Dienst gestellt worden ?	When was our boat commissioned ?
Es wurde vor 4 Jahren von Stapel gelassen	She was launched 4 years ago.
Warum werden wir angerufen?	Why are we challenged ?
Ich glaube, es ist der Lotse	I think it is the pilot.
Ist das hier gefährliches Wasser ?	Is this dangerous water ?
Es gibt hier viele Klippen	There are many rocks here.
Ist das nicht ein Wrack ?	Is this not a wreck ?
Ja, man sieht einen Schornstein aus dem Wasser ragen	Yes, you can see one funnel sticking out of the water.
Wie geschah es ?	How did it happen ?
Das Schiff rannte auf eine Klippe	The boat ran foul of a rock.
Es sollen Haifische hier sein .	There are supposed to be sharks here.
Sind Sie abergläubisch ?	Are you superstitious ?
Warum fragen Sie ?	Why do you ask ?
Es ist schon etwas dran	There is something in it.
In Deutschland bringen schwarze Katzen Unglück .	In Germany black cats mean bad luck.

Gerade umgekehrt in England	Just the other way round in England.
Und was bedeutet es, wenn man einen Essenkehrer trifft ?	And what does it mean when you meet a chimneysweep ?
Das bedeutet Glück . .	That means good luck.
Ich habe drei vor der Abfahrt getroffen . . .	I have met three before my departure.
Ich gratuliere. Sie werden das grosse Los ziehen . .	Congratulations, you will win the Sweepstake.
Ach, ich habe immer Pech .	I always have bad luck.
Nur nicht den Mut verlieren	Only do not lose courage.
Müssen wir uns nicht um-ziehen für das Abendessen ?	Do we not change for dinner ?
Es ist schade, den Sonnen-untergang zu verpassen .	It is a pity to miss the sunset.

WORTSCHATZ

Steuer (n.)—*rudder*
aushalten—*endure*
gewinnen—*gain, reach*
Krone (f.)—*crown*
sterben—*die*
Lohn (m.)—*reward*
Schwalbe (f.)—*swallow*
Gischt (f.)—*spray*
schäumen—*foam*
Flocke (f.)—*flake*
Passagier (m.)—*passenger*
Dämmerlicht (n.)—*twilight*
plaudern—*chat*
klingen—*sound*
Schiffsraum (m.)—*hold*
Schrei (m.)—*cry*
Qualm (m.)—*thick smoke*
lichterloh—*bright*
buntgemengt—*motley*
drängen—*press*
dicht—*tight*

Jammer (m.)—*lamentation*
spähen—*peer*
Sprachrohr (n.)—*speaking tube*
Brandung (f.)—*surf*
jubeln—*jubilate*
schallen—*sound*
ersterbend—*dying*
Stimme (f.)—*voice*
jagen—*chase, run*
Rettung (f.)—*salvation*
geborsten—*burst*
verschwelt—*smouldered*
Glocke (f.)—*bell*
Kapelle (f.)—*chapel*
klingen—*ring*
läuten—*chime, ring*
Dienst (m.)—*service*
folgen—*follow*
tränenleer—*tearless*
Sarg (m.)—*coffin*
Schrift (f.)—*writing*

John Maynard

John Maynard.
    „ Wer ist John Maynard ? "
    „ John Maynard war unser Steuermann,
    Aushielt er, bis er das Ufer gewann,
    Er hat uns gerettet, er trägt die Kron',
    Er starb für uns, unsre Liebe sein Lohn.
                    John Maynard."

Die ,, Schwalbe '' fliegt über den Erie-See.
Gischt schäumt, um den Bug wie Flocken von Schnee.
Von Detroit fliegt sie nach Buffalo—
Die Herzen aber sind frei und froh,
Und die Passagiere mit Kindern und Frau'n
Im Dämmerlicht schon das Ufer schau'n,
Und plaudernd an John Maynard heran
Tritt alles : ,, Wie weit noch, Steuermann ? ''
Der schaut nach vorn und schaut in die Rund' :
,, Noch dreissig Minuten. . . Halbe Stund'.''

Alle Herzen sind froh, alle Herzen sind frei—
Da klingts aus dem Schiffsraum her wie Schrei :
,, Feuer '' war es, was da klang,
Ein Qualm aus Kajüt und Luke drang,
Ein Qualm, dann Flammen lichterloh,
Und noch zwanzig Minuten nach Buffalo.

Und die Passagiere buntgemengt,
Am Bugspriet steh'n sie zusammengedrängt,
Am Bugspriet vorr ist noch Luft und Licht,
Am Steuer aber lagert's sich dicht,
Und ein Jammer wird laut : ,, Wo sind wir, wo ? ''
Und noch fünfzehn Minuten nach Buffalo.
Der Zugwind wächst, aber die Qualmwolke steht,
Der Kapitän nach dem Steuer späht,
Er sieht nicht mehr seinen Steuermann,
Aber durchs Sprachrohr fragt er an :
,, Noch da, John Maynard ? ''
,, Ja, Herr, ich bin.''
,, Auf den Strand, in die Brandung ! ''
,, Ich halte drauf hin.''
Und das Schiffsvolk jubelt : ,, Halt aus, halloh.''
Und noch zehn Minuten bis Buffalo.

,, Noch da, John Maynard ? '' Und Antwort schallt's
Mit ersterbender Stimme : ,, Ja, Herr, ich halt's ''
Und in die Brandung, was Klippe, was Stein,
Jagt er die ,, Schwalbe '' mitten hinein ;
Soll Rettung kommen, so kommt sie nur so.
Rettung, der Strand von Buffalo.

Das Schiff geborsten. Das Feuer verschwelt.
Gerettet alle. Nur einer fehlt.

Alle Glocken geh'n ; ihre Töne schwell'n
Himmelan aus Kirchen und Kapell'n,
Ein Klingen und Läuten, sonst schweigt die Stadt,
Ein Dienst nur, den sie heute hat :
Zehntausend folgen oder mehr,
Und kein Aug' im Zuge, das tränenleer.

Sie lassen den Sarg in Blumen hinab,
Mit Blumen schliessen sie das Grab,
Und mit goldener Schrift in den Marmorstein
Schreibt die Stadt ihren Dankspruch ein :

,, Hier ruht John Maynard. In Qualm und Brand
Hielt er das Steuer fest in der Hand,
Er hat uns gerettet, er trägt die Kron',
Er starb für uns, unsre Liebe sein Lohn.
John Maynard.''
Fontane.

Weiss nicht, woher ich bin gekommen,
Weiss nicht, wohin ich werd genommen,
Doch weiss ich fest : dass ob mir ist
Eine Liebe, die mich nicht vergisst.

Kerner.

32. Aufgabe

The Conditional

When you say : I buy a motor car, I have money, then you state a fact, it is a reality.

If you put it like this : I should buy a motor car if I had money, then it means a possibility, a wish, a **condition**.

This form " I should buy " is called the Conditional and is formed by the auxiliary " werden."

Conditional

ich würde kommen	. I should come
du würdest kommen	. thou wouldst come
er würde kommen	. he would come
wir würden kommen	. we should come
ihr würdet kommen	. you would come
sie würden kommen	. they would come
Sie würden kommen	. you would come

In the same way one says:

ich würde sein .	. I should be
ich würde haben .	. I should have
ich würde werden .	. I should become
ich würde machen .	. I should make
ich würde tun .	. I should do

Examples of Conditional Sentences.

Ich würde das Buch gekauft haben, wenn ich Zeit gehabt hätte / I should have bought the book if I had the time.

Wenn ich Zeit hätte, würde ich das Buch kaufen . / If I had time then I should buy the book.

Hätte ich Zeit gehabt, dann hätte ich das Buch gekauft / If I had had the time then I would have bought the book.

Ich könnte das Buch kaufen, wenn Sie mir Geld gäben . / I could buy the book if you gave me money.

Final scheme of Conjugation.

Infinitive : gehen = to go.

(1)	Present : ich gehe	.	**I go**
(2)	Imperfect : ich ging	.	I went
(3)	Perfect : ich bin gegangen	.	I have gone
(4)	Future : ich werde gehen	.	I shall go
(5)	Conditional : ich würde gehen		I should go
6)	Imperative : Gehen Sie !	.	Go !

Note.—The Infinitive must stand at the end of a sentence

Ich würde diesen Sommer mit meinen Freunden nach Deutschland **gehen,** wenn wir die Erlaubnis bekämen.

Ich **war** gerade im Begriff, einen Brief zu **schreiben, als** es an die Tür klopfte.

Ich konnte vor Aufregung kein Wort **sagen,** als ich auf der Bühne stand.

Ich durfte mir diesen Genuss leisten, denn ich hatte viele Wochen lang hart gearbeitet.

WIND UND WETTER

Gewitter (n.)—*thunderstorm*
Blitz (m.)—*lightning*
Donner (m.)—*thunder*
Wetterleuchten (n.)—*sheet lightning*
Hagel (m.)—*hail*
Regen (m.)—*rain*
Staubregen (m.)—*drizzle*
Platzregen (m.)—*downpour*
Dunst (m.)—*mist*
Nebel (m.)—*fog*
Wirbelwind (m.)—*whirlwind*
Ungewitter (n.)—*tempest*
Windstille (f.)—*calm*
Trockenheit (f.)—*drought*
Tau (m.)—*dew*
Reif (m.)—*hoar frost*
Glatteis (n.)—*glazed frost*
Tauwetter (n.)—*thaw*
Regenbogen (m.)—*rainbow*
Wetterbericht (m.)—*weather forecast*
Windfahne (f.)—*weather cock*
Wetterglas (n.)—*barometer*
Blitzableiter (m.)—*lightning conductor*
Hundstage (pl.)—*dogdays*
Saure Girkenzeit (f.)—*silly season*

Durchschnitts-Temperatur (f.) —*mean temperature*
hell—*bright*
beständig—*settled*
günstig—*favourable*
herrlich—*glorious*
prachtvoll—*brilliant*
grossartig—*grand*
trocken—*dry*
veränderlich—*fickle*
dreckig—*foul*
hässlich—*nasty*
elend—*miserable*
neblig—*foggy*
trüb—*dull*
nass—*wet*
feuchtkalt—*raw*
frostig—*chilly*
zweifelhaft—*doubtful*
glühend heiss—*scorching*
schwül—*sultry*
staubig—*dusty*
strenger Frost—*severe frost*
milder Regen—*gentle rain*
elender Tag—*wretched day*
Reisewetter (n.)—*travelling weather*

Es regnet in Strömen . . It is raining cats and dogs.
Der Blitz hat eingeschlagen . The lightning has struck.
Auf Regen folgt Sonnenschein After rain follows sunshine.
Ein Unglück kommt selten allein It never rains but it pours.
Guten Morgen. Wie geht's ? Good morning, how are you ?
Danke, ausgezeichnet. Und Ihnen ? . . . Thanks, excellent. How are you ?
Wollen wir einen Bummel machen ? . . . Shall we go for a little stroll ?
Was halten Sie vom Wetter ? What do you think about the weather ?
Es wird sich aufhellen . . It is clearing up.

Sie denken, es wird sich bessern ?	You think it is improving ?
Ja, der Wind hat sich gedreht	Yes, the wind has changed.
Aus welcher Richtung weht er ?	From which quarter does it come ?
Aus dem Westen. . .	From the West.
Das bedeutet dauernden . Regen	That means constant rain.
Das stört mich nicht . .	I do not mind.
Sie sind ein Gemütsmensch .	You are a cheerful chap.
Sehen Sie, ich schreibe ein Buch	See, I am writing a book.
Ich bin ans Zimmer gefesselt	I am tied to my room.
Ich komme um, wenn ich nicht frische Luft habe .	I can't exist without fresh air.
Ich erkälte mich sehr leicht .	I easily catch a cold.
Sie sind verwöhnt. Raffen Sie sich auf und kommen Sie mit mir . . .	You are pampered. Pull yourself together and come with me.
Gut, ich will mich überreden lassen	Well, I will be persuaded.
Waren Sie zum Wochenende in den Bergen ? . .	Did you spend your week-end in the mountains ?
Wir fuhren mit dem Auto . . .	We rode in our car. . .
Wirklich, Sie sind zu bequem.	Really, you are too lazy.
Was soll ich denn sonst tun ?	What else can I do ?
Nehmen Sie den Regenmantel und geniessen Sie die Farben des Herbstwaldes . .	Take your rain-coat and enjoy the colours of the autumnal forest.
Ich glaube, Sie sind ein Schwärmer	I believe you are a dreamer.
Das ist kein Tadel. Ich bin ein Künstler und darum will ich der Natur nahe sein	There is no blame attached to that. I am an artist and must be near nature.
Sie haben recht, und ich bewundere Ihre Begeisterung	You are right and I admire your enthusiasm.

33. Aufgabe

The Subjunctive

If you say : Do not do that, or
<blockquote>This is a sailor</blockquote>
then you make a direct statement, you state a fact. One calls this form of speech the **Indicative.**

If you say : If I were you, I should not do that, or
<blockquote>If he were a sailor</blockquote>
then it means a doubt or a wish and this form is called the **Subjunctive.**

For colloquial German it is sufficient to know a few forms only.

Indicative	Subjunctive
ich hatte	Ich hätte
ich bin	ich sei
er ist	er sei
ich sah	ich sähe
ich flog	ich flöge
ich gehe	ich ginge

Er sah einen Geist.	Er dachte, er sehe einen Geist.
He saw a ghost.	He thought he saw a ghost.
Er hat keine Zeit.	Er sagte, er habe keine Zeit.
He has no time.	He said he had no time.
Er weiss es nicht.	Er behauptete, er wisse es nicht.
He does not know it.	He insisted he did not know it.
Er geht heim.	Wenn er heim ginge. . .
He goes home.	If he went home. . .

Note.—You see in the last sentence that the Subjunctive of the Present Tense is formed by using the Imperfect (gehe—ging) and adding an " e " : gin**ge.**

Moreover : you see the Umlaut ä ö ü.

Indicative : bringe	Subjunctive : brächte (from brachte)
trage	trüge (from trug)
fliege	flöge (flog)

The Subjunctive is seldom used in everyday speech and one learns it only by practice.

WORTSCHATZ

Körper (m.)—*body*
Rumpf (m.)—*trunk*
Glied (n.)—*limb*
Gesicht (n.)—*face*
Schädel (m.)—*skull*
Gehirn (n.)—*brain*
Verstand (m.)—*mind*
ober—*upper*
Brustkorb (m.)—*thorax*
Unterleib (m.)—*abdomen*
Höhle (f.)—*cavity*
Zwerchfell (n.)—*diaphragm*

getrennt—*separated*
Kreislauf (m.)—*circulation*
Verdauung (f.)—*digestion*
Atmung (f.)—*respiration*
Bewegung (f.)—*motion*
Rückenmark (n.)—*spinal cord*
Drüse (f.)—*gland*
geheimnisvoll—*mysterious*
wahrscheinlich—*probable*
Forschung (f.)—*research*
Wachstum (n.)—*growth*
Seelenleben (n.)—*psychology*

Der Körper des Menschen

Der menschliche Körper besteht aus Kopf, Rumpf und Gliedern. Die Teile des Kopfes sind Gesicht, Schädel und Gehirn. Der Schädel ist mit Haaren bedeckt. Das Gehirn ist der Sitz des Verstandes. Die beiden Seiten des Gesichtes sind selten symmetrisch.

Der obere Teil des Rumpfes ist der Brustkorb, der untere Teil ist der Unterleib. Diese beiden Höhlen sind durch das Zwerchfell voneinander getrennt.

Jedes Organ hat seine besondere Aufgabe. Das Herz reguliert den Blutkreislauf. Die Verdauungsorgane liegen in der Hauptsache im Unterleib. Die Lungen sind die Organe der Atmung. Die Muskeln sind die Bewegungs-Organe. Das Nerven-system hat seinen Sitz im Gehirn und im Rückenmark.

Ausserdem hat der Mensch eine innere Sekretion, die von gewissen Drüsen ausgeht. Die Drüsen senden einen Stoff direkt ins Blut, die Hormone. Die Hormone kontrollieren in geheimnisvoller Weise das Wachstum und wahrscheinlich auch das Seelenleben des Menschen. Die Forschungen darüber haben erst begonnen.

Was der Arzt sagt :

Was fehlt Ihnen ?	What is the matter with you ?
Geht es heute besser ?	Do you feel better today ?
Hat es sich gebessert ?	Any improvement ?
Haben die Schmerzen nach-gelassen ?	Has the pain gone ?

Wie ist es geschehen ?	How did it happen ?
Wo ist der Schmerz ?	Where do you feel the pain ?
Zeigen Sie die Stelle	Show me the place.
Bitte ziehen Sie sich aus	Undress, please.
Stecken Sie die Zunge weit heraus	Put out your tongue.
Atmen Sie tief	Breathe deeply.
Ich muss den Puls fühlen	Let me feel your pulse.
Ich muss Ihre Temperatur messen	I must take your temperature.
Der Herzschlag ist ganz normal	Your heart is quite normal.
Können Sie gut schlafen ?	Do you sleep well ?
Lassen Sie sich massieren !	You must have massage.
Machen Sie einen Umschlag	Make a compress.
Nehmen Sie diese Arznei	Take this medicine.
Soll ich Ihnen ein Rezept geben ?	Shall I give you a prescription ?
Nehmen Sie drei Esslöffel vor dem Essen	Take three tablespoonsful before meals.
Sie brauchen Vitamine	You need vitamins.
Essen Sie rohe Früchte !	Eat raw fruit.
Nehmen Sie viel Flüssigkeit zu sich, der Körper braucht es	Drink a lot, the body needs it.
Hüten Sie sich vor Ansteckung	Beware of infection.
Seien Sie beruhigt, es ist nicht gefährlich	Rest assured, it is not dangerous.
Seien Sie nicht aufgeregt, es wird bald in Ordnung sein	Don't be excited, it will soon be all right.
Ich halte nicht viel von sogenannter Vererbung	I do not think much of this so-called heredity.
Ich werde Sie gründlich untersuchen	I shall examine you thoroughly.
Sie müssen meine Ratschläge besser beachten	You must pay more heed to my advice.
Sie sind ein Schwarzseher	You are a pessimist.

Was der Patient zum Arzt sagt :

Ich bin so heiser	I am so hoarse.
Mein Hals tut weh	My throat is aching.
Ich habe mir den Fuss verrenkt	I have dislocated my foot.

Ich habe mir die Hand verstaucht	I have sprained my hand.
Ist das eine Blutvergiftung ?	Is it blood poisoning ?
Woran erkennt man das ? .	By what does one recognise that ?
Was soll ich gegen Keuchhusten tun ? . . .	What shall I do against whooping-cough ?
Ich werde von Kopfschmerz geplagt	I have a splitting headache.
Ich habe Ohnmachtsanfälle .	I have fits of fainting.
Ich habe Magenbeschwerden.	I have stomach trouble.
Ich leide an Rheumatismus .	I am suffering from rheumatism.
Wie lange dauern Masern ? .	How long do measles last ?
Ist Scharlach ansteckend ?	Is scarlet fever catching ?
Gibt es ein Mittel gegen Gicht?	Is there a remedy against gout ?
Was ist die Ursache von Zuckerkrankheit ?	What is the cause of diabetes ?
Meine Atemnot ist beinahe ganz verschwunden . .	My asthma has nearly disappeared.
Sein rechter Arm ist gelähmt	His right arm is paralysed.
Wie lange muss die Hand in Gips bleiben ? . . .	For how long must the hand remain in plaster ?
Ich möchte meine Frostbeulen loswerden . . .	I should like to get rid of my chilblains.
Ich hatte Pech beim Heben einer Leiter . . .	I was unlucky when lifting a ladder.
Mein Hexenschuss verursacht mir grosse Schmerzen .	My lumbago causes me much pain.
Was ist in Unordnung, Niere oder Leber ? . . .	What is wrong, kidney or liver ?
Ist Krebs heilbar ? . .	Is cancer curable ?
Bitte impfen Sie mich später .	Please vaccinate me later.
Ist die Einspritzung nötig ? .	Is the injection necessary ?
Es ist keine Einbildung, es ist eine schmerzhafte Tatsache.	It is not imagination. It is a painful fact.
Bitte machen Sie eine Probe .	Please, make a test.

WORTFAMILIEN

Haus (n.)—*house*	häuslich—*domestic*
Haut (f.)—*skin, hide*	Hausmann (m.)—*caretaker*
Hütte f.)—*hut*	Armenhaus (n.)—*alms house*
Hut (m.)—*hat*	Krankenhaus (n.)—*hospital*
Hut (f.)—*protection, guard*	Bienenhaus (n.)—*beehive*

WORTFAMILIEN (cont.)

Taubenhaus (n.)—*dove-cot*
Irrenhaus (n.)—*mental clinic*
hüten—*mind, heed*
verhüten—*prevent*
binden—*bind*
Band (n.)—*ribbon*
Bund (m.)—*confederation*
verbünden—*ally*
verbinden—*connect*
verbinden—*bandage*

Einband (m.)—*binding of a book*
Armband (n.)—*bracelet*
Binde (f.)—*sling*
Verbindung (f.)—*connection*
Bündel (n.)—*bundle*
Selbstbinder (m.)—*necktie*
Bündnis (n.)—*covenant*
Völkerbund (m.)—*League of Nations*

Gefunden

Ich ging im Walde
So für mich hin,
Und nichts zu suchen,
Das war mein Sinn.

Im Schatten sah ich
Ein Blümlein stehn
Wie Sterne leuchtend,
Wie Äuglein schön.

Ich wollt es brechen,
Da sagt es fein :
,, Soll ich zum Welken
Gebrochen sein ? "

Ich grub's mit allen
Den Würzlein aus,
Zum Garten trug ich's
Am hübschen Haus.

Und pflanzt es wieder
Am stillen Ort,
Nun zweigt es immer
Und blüht so fort.

Goethe.

34. Aufgabe

Direct and Indirect Speech

A. Direct

Das Gesetz sagt ,, Wer stiehlt, muss ins Gefängnis gehen."
,, Wer stiehlt," sagt das Gesetz, ,, muss ins Gefängnis gehen." Der Doktor sagt : ,, Der Kranke kann heute aufstehen."

B. Indirect

Der Doktor sagte, der Kranke könne heute aufstehen.
Der Doktor sagte, dass der Kranke heute aufstehen könne.

Er fragte : ,, Geht es Ihnen besser ? " (direct)
Er fragte, ob es Ihnen besser ginge. (indirect)
Der Offizier befahl ihm : ,, Gehen Sie aus dem Hause." (direct)
Er befahl ihm, aus dem Hause zu gehen. (indirect)
Es ist spät. (direct)   Er sagte, es sei spät. (indirect)

Redensarten. Phrases

Das wäre mir nicht im Traume eingefallen.
I should not dream of it.
Sie sollten sich die Sache erst einmal beschlafen.
You should sleep on it first.
Das hiesse Öl ins Feuer giessen.
That would mean to add fuel to the fire.
Ich würde Himmel und Erde in Bewegung setzen.
I would leave no stone unturned.
Das wäre mir gleichgiltig.
I should not care two straws.
,, Das käme mir wie gerufen," meinte er.
" That would come very seasonably," he remarked.
Man müsste ihm die Flügel beschneiden.
One should clip his wings.
Dann hätten Sie bis zum St. Nimmerleins-Tag zu warten.
Then you had to wait till doomsday.
Könnte ich mich doch aus der Schlinge ziehen.
Could I slip my neck out of the collar.
Sie würden vom Regen in die Traufe kommen.
That would be out of the frying pan into the fire.
Sie sollten mit den Wölfen heulen.
You should do in Rome as the Romans do.
Sie dachten, er liesse Holz auf sich hacken.
They thought they could ride over him.
Sie sollten sich mehr anstrengen.
You should put your best foot forward.
Ein Mann, der mit dem Kopfe gegen die Wand rennen würde.
A man who would hit his head against the wall.
Es sah aus, als wären sie ein Herz und eine Seele.
It looked as if they were hand in glove.
Er dachte, nun könne er sich ins Fäustchen lachen.
He thought, now he could laugh up his sleeve.
Er sagte, er sie auf dem Hund.
He said he was on the rocks.

Der Mund und die Zähne

Zahn (m.)—*tooth*
Geschmack (m.)—*taste*
Drüse (f.)—*gland*
Speichel (m.)—*saliva*
Flüssigkeit (f.)—*liquid*
besonders—*special*
erzeugen—*produce*
zwar—*that is to say*
ungefähr—*about*
Stärke (f.)—*starch*
verschwenden—*waste*
verwandeln—*change, turn*
verdaulich—*digestible*
Verdauung (f.)—*digestion*

beweglich—*movable*
Wirbeltier (n.)—*vertebrate animal*
unterscheiden—*distinguish*
Schneidezahn (m.)—*incisor*
Eckzahn (m.)—*corner tooth*
Backe (f.)—*cheek*
Backenzahn (m.)—*molar*
Hals (m.)—*neck*
Schmelz (m.)—*enamel*
überziehen—*cover*
beissen—*bite*
kauen—*masticate*
Nahrung (f.)—*nourishment*

Die Mundhöhle und die Lippen sind mit roter Schleimhaut bedeckt. In ihr liegen die Geschmacksnerven und Drüsen. Der Speichel ist eine Flüssigkeit, die in besonderen Drüsen erzeugt wird und zwar täglich, ungefähr 1 l. (ein Liter) beim erwachsenen Menschen. Die Aufgabe des Speichels ist es, Stärke in Zucker zu verwandeln und verdaubar zu machen. Die Zunge ist ein beweglicher Muskel.

Wie die meisten Wirbeltiere hat auch der Mensch Zähne. Wir unterscheiden Schneidezähne, Eckzähne und Backenzähne. Der Zahn selbst besteht aus Krone, Hals und Wurzel. Die Zahnmasse ist mit Schmelz überzogen. Die ersten Zähne heissen die Milchzähne. Viel später kommen die Weissheitszähne. Die Zähne dienen zum Abbeissen und zum Zerkauen der Nahrung.

Beim Zahnarzt	**At the Dentist's**
Wo tut es Ihnen weh ?	Where does it hurt you ?
Machen Sie den Mund weit auf	Open your mouth wide.
Tut es weh, wenn Sie beissen ?	Does it hurt when you bite ?
Nein, nur wenn kaltes Wasser daran kommt	No, only when cold water touches it.
Es ist eine Entzündung des Nervs	It is an inflammation of the nerve.
Was wollen Sie tun ?	What will you do ?
Ich verschreibe Ihnen Iodex .	I prescribe you Iodex.
Kann ich nicht Jod nehmen ?	Can I not take Iodine ?
Nein, dieses Mittel ist besser .	No, this medicine is better.
Was ist mit dem Backenzahn los ?	What is wrong with this molar ?

Da ist ein grosses Loch	There is a big hole.
Muss der Zahn heraus ?	Must it be taken out ?
Nein, ich werde ihn füllen	No, I will fill it.
Tut es sehr weh ?	Will it hurt much ?
Seien Sie tapfer, es wird ein wenig schmerzen	Be brave, it will hurt for a moment.
Bitte spülen Sie	Now rinse it.
Wollen Sie eine Goldfüllung haben oder Porzellan ?	Will you have a gold or porcelain filling ?
Ich kann Goldfüllung nicht leiden	I do not like gold fillings.
Sie dürfen zwei Stunden lang nichts essen	You must not eat anything for two hours.
Was ist heute los ?	What is wrong today ?
Dieser Zahn wackelt	This tooth is loose.
Er kann nicht gerettet werden	It cannot be saved.
Wollen Sie mir Gas geben ?	Will you give me gas ?
Nein, ich mache eine Einspritzung	No, I will make an injection.
Ich garantiere, Sie werden nichts spüren	I guarantee, you will not feel anything.
Das war wirklich schmerzlos	Really, that was painless.
Bitte gurgeln Sie	Please, gargle.
Die Lücke sieht schrecklich aus	The gap looks terrible.
Sie müssen einen künstlichen Zahn haben	You must have a false tooth.
Wollen Sie ein Gebiss machen?	Will you make a denture ?
Nein, eine Brücke genügt	No, a bridge will do.

Die Affen

Der Bauer sprach zu seinem Jungen :
,, Heut in der Stadt, da wirst du gaffen.
Wir fahren hin und sehn die Affen.
    Es ist gelungen
und um sich schief zu lachen,
was die für Streiche machen
und für Gesichter,
wie rechte Bösewichter.
    Sie krauen sich,
    sie zausen sich,
    sie hauen sich,
    sie lausen sich,

beschnuppern dies, beschnuppern das,
und keiner gönnt dem andern was,
Und essen tun sie mit der Hand
und alles tun sie mit Verstand,
und jeder stiehlt als wie ein Rabe.
Pass auf, das siehst du heute."—
„ O Vater," rief der Knabe,
„ sind Affen denn auch Leute ? "
Der Vater sprach : „ Nun ja,
nicht ganz, doch so beinah'."

Zungenbrecher

Der Kottbusser Postkutscher putzt den Kottbusser
Postkutschkasten.

Sprichwörter

Salz und Brot macht Wangen rot.—Wohlgeschmack
bringt Bettelsack.—Gut gekaut ist halb verdaut.—Wer
nicht kommt zur rechten Zeit, der muss nehmen was übrig
bleibt.—Was man sich einbrockt, das muss man ausessen.—
Wer den Pfennig nicht ehrt, ist des Talers nicht wert.

35. Aufgabe

Indefinite Pronouns

Man = one, the people, they.
Man soll den Tag nicht vor dem Abend loben.
You must not praise the day before the night.
Man kann nicht zwei Herren dienen.
One cannot serve two masters.
Mit den Wölfen muss man heulen.
One must howl with the wolves.

jedermann = everyone.
Das ist nicht jedermanns Sache.
That is not everybody's taste.
Jedermann tue seine Pflicht.
Everyman shall do his duty.

einer = the one.

Was dem einen seine Eule, ist dem andern seine Nachtigall.

One man's meat is the other man's poison.

niemand = nobody.

Niemand weiss, was gehauen und gestochen ist.

Nobody knows which is which.

Niemand ist vor seinem Tode selig zu preisen.

Call no man happy until he is dead.

etwas, nichts = something, nothing.

Haben Sie etwas Zeit ?

Have you got some time ?

Wo nichts ist, da hat der Kaiser sein Recht verloren.

Where there is nothing, even the King has to do without.

ein paar = some.

Hier sind ein paar arme Teufel.

Here are some poor fellows.

Kann ich ein paar Bücher haben ?

May I have some books ?

But :   ein Paar Schuhe, a pair of shoes (two !)
         ein Paar Hosen, a pair of trousers.

alles = all

Das ist alles was ich habe.

That is all I have.

Alles oder nichts.

Everything or nothing.

viel = much, **vie-le** = ma-ny (two syllables).

Viel Geschrei und wenig Wolle.

Empty vessels make the most noise.

Viele Köche verderben den Brei.

Many cooks spoil the broth.

Das Radio

WORTSCHATZ

Erfindung (f.)—*invention*	Versuch (m.)—*experiment*
kaum—*scarcely*	Gelehrter (m.)—*scholar*
vorstellen—*imagine*	gelingen—*succeed*
Apparat (m.)—*set*	Vorhandensein (n.)—*existence*
Forscher (m.)—*research worker*	beweisen—*prove*
erfolgreich—*successful*	erzeugen—*generate*

WORTSCHATZ (cont.)

Äther (m.)—*ether*	beweisen—*prove*
erhalten—*receive, attain*	Fortschritt (m.)—*progress*
unterstützen—*assist*	Geschwindigkeit (f.)—*speed*
Nachricht (f.)—*message*	Ereignis (n.)—*event*
bereits—*already*	Eröffnung (f.)—*opening*
Flotte (f.)—*fleet*	Ausstellung (f.)—*exhibition*
ausrüsten—*equip*	

Das Radio ist eine der wunderbarsten Erfindungen der Neuzeit. Man kann sich kaum ein Haus ohne Radio vorstellen. Nicht nur in jeder Wohnung finden wir einen Apparat, sondern jedes Schiff, jeder Leuchtturm, jede Polizeiwach hat ein Radio.

Der erste Forscher, der erfolgreiche Versuche machte, war der Gelehrte Clerk Maxwell. Es gelang ihm, im Jahre 1863 das Vorhandensein von elektrisch-magnetischen Wellen zu beweisen. Hertz, ein Wissenschaftler aus Karlsruhe, erzeugte elektrische Wellen im Äther. Marconi setzte diese Versuche fort und erhielt das erste englische Patent im Jahre 1896. Er wurde von der englischen Post und der Admiralität unterstützt. Im Jahre 1899 konnte er die erste Nachricht von England nach Frankreich senden. Bereits zwei Jahre später waren 26 Schiffe der englischen Flotte mit Radio ausgerüstet. Nun ging der Fortschritt rasch weiter. Hertz bewies, dass Licht und Elektrizität dieselben Geschwindigkeiten besitzen, nämlich 300,000 km. in der Sekunde. Es war ein grosses Ereignis, als bei der Eröffnung der Ausstellung in Wembley (1924) die Ansprache des Königs in aller Welt gehört werden konnte.

Radio und Kino

Welches ist Ihre Einstellung zum Radio ? Sagen Sie : „ Geh ! dreh das Radio an und lass uns sehen, was es gibt," oder schalten Sie das Radio ein, wenn Sie wissen, dass es etwas gibt, was der Mühe wert ist ? Das erste heisst, Zeit totschlagen, das andere, die Zeit ausnützen.

Wenn Sie im Radio einen berühmten Dirigenten und sein Orchester hören, das sollte Sie veranlassen zu sagen : „ Ich muss sie im Konzertsaal hören," aber nicht : „ Jetzt brauche ich mich nicht bemühen, die Konzerte selbst zu besuchen."

Wenn es einen interessanten Radiovortrag gibt, sollten wir nicht sagen : „ Jetzt brauche ich nichts mehr darüber zu

lesen," sondern wir sollten daran denken, dass nichts Wichtiges und Interessantes in einer halben Stunde oder noch weniger abgetan werden kann, und sollten versuchen, mehr darüber zu erfahren.

Und wir sollten niemals vergessen, was für einen bedeutenden erzieherischen Einfluss es auf den Geist der Kinder hat. Lasst uns die Radiosendung nicht ansehen als die Gedankenarbeit einer Woche zusammengedrängt in ein paar Minuten, sondern als ein paar Minuten, die uns zu wochenlangem Nachdenken führen können.

Überprüfen Sie Ihre persönliche Einstellung zum Radio und Kino, die so viele Ihrer Mussestunden ausfüllen und die Seele Ihrer Kinder so stark färben ; und Sie werden finden, dass es erzieherische Kräfte sind.

Schauen Sie nun auf das Kino. Zugegeben, dass viele Filme schlecht sind, so müssen Sie doch den erzieherischen Wert berücksichtigen, der darin liegt, ein Kind zu lehren, zwischen einem guten und einem schlechten Film zu unterscheiden. Wenn wir unsere Kinder in Kinos mitnehmen, müssen wir ihnen die guten Masstäbe und Werte zeigen und sie veranlassen, nur dann zu gehen, wenn sie diese wirklich finden. So werden sie Geschmack und Urteil lernen.

Radio and Cinema

What is your attitude towards the wireless ? Do you say " Oh, turn on the radio and let's see what is on," or do you turn on the radio when you know that something worthwhile is on ? The first is killing time, the second is filling time.

If you listen in to a famous conductor and his orchestra it ought to lead you to say : " I must hear them in the concert-hall," and not : " Now I don't have to bother to go to concerts."

If there is an interesting wireless talk, we should not say : " Now I shan't have to read up about that," but we should remember that nothing interesting or important can be disposed of in half an hour or less, and should try to learn more about it.

And we should never forget what an important educational influence it has on the minds of children. Let us see the wireless not as a week's thought condensed into a few minutes, but a few minutes which may lead to weeks of thought.

Overhaul your personal attitude towards the wireless and

the pictures which occupy so much of your leisure and colour so much of your children's minds; you will find out that they are two educational forces.

Now look at the cinema. Granted that many films are bad, consider however the educational value of teaching a child to judge between a good and a bad picture. When we take our children to the movies we must teach them good standards and values and persuade them only to go when they are likely to find them. In this way they are taught taste and discrimination.

Ist das Ihr eigenes Radio?	Is that your own wireless?
Nein, nur geliehen	No, only lent to me.
Wollen Sie nicht ein besseres mieten?	Won't you hire something better?
Ich glaube ich kann ein gebrauchtes kaufen.	I think I can buy one second-hand.
Werden Sie von den Nachbarn sehr gestört?	Are you disturbed by your neighbours?
Ach, das sind schreckliche Menschen	Oh, they are terrible people.
Warum klagen Sie nicht bei der Polizei?	Why not complain to the police?
Ich möchte keine Scherereien haben	I should not like to have trouble.
Ihr Apparat ist nicht gut eingestimmt	Your set is not tuned-in well.
Die Erdung ist nicht in Ordnung	The earth is not in order.
Was für Strom haben Sie?	What kind of current do you have?
Wir haben in diesem Bezirk Gleichstrom	In this district we have continuous current.
Täuschen Sie sich nicht? Soviel wie ich weiss, ist es Wechselstrom	Are you not mistaken? As far as I know it is alternating current.
Sie scheinen ein Fachmann zu sein	You seem to be an expert.
Ich bin ein Laie.	I am only a layman.
Ich muss gestehen, ich bin noch Schwarzhörer, aber ich hatte noch keine Zeit, die Gebühren zu bezahlen.	I must confess I am a radio pirate still, but I had not the time yet to pay for the licence.

Welche Wellenlänge benützen Sie ?	What wavelength do you use ?
Das kommt ganz drauf an	That depends.
Können Sie Neu-York bekommen ?	Can you get New York ?
Nein, dazu braucht man einen Vierröhrenapparat	No, that needs a four-valve set.
Was wollen wir jetzt einschalten ? Leichte Tanzmusik ?	What shall we switch on ? Light dance music ?
Und Sie wollen mit mir tanzen ?	And you will dance with me ?
Was soll ich sonst tun ?	What else shall I do ?
Raten Sie !	Have a guess.
Stellen Sie ein: Mitteldeutscher Rundfunk. . .	Switch on Central Germany Radio. . .
Sie weichen meiner Frage aus	You evade my question.
Das ist auch eine Antwort	That is some kind of an answer.

36. Aufgabe

Idiomatic Use of Adverbs

auch = also

Alle meine Gefährten rauchen, und ich auch.
All my companions are smoking, and so am I.

Auch Engel können fallen.
Even angels can fall.

Liebst du mich auch ?
Do you love me too ?

Ja, dich liebe ich auch.
Yes, you, too, I love.

doch = however

Der Lenz wird doch kommen.
Spring will come in spite of all.

Ich habe es doch gesagt ?
Didn't I tell you ?

Sprechen Sie doch, Sie Dickkopf.
Do speak, you blockhead.

eben = just

Das ist eben die Hauptsache.
That is just it.

Er ist soeben erschienen.
He has just turned up.

ja = not used as yes

Lassen Sie mich ja in Ruhe.
Do leave me alone.

Er ist ja verrückt !
He is mad, don't you see ?

Das ist ja eine schöne Geschichte
What a beastly business !

noch = still

Sind Sie noch immer auf den Beinen ?
Are you still alive and kicking ?

Noch nicht fertig, mein Liebling ?
Not ready yet, darling ?

Sie müssen noch heute verschwinden.
You must disappear this very day.

nur = only

Ich bitte um Entschuldigung, ich habe nur zwei Hände.
I beg your pardon, I have only two hands.

Sagen Sie es nur aufrichtig.
Just tell me honestly.

Was wollen Sie nur von mir ?
What on earth do you want from me ?

wohl = well

Sie sind wohl nicht bei Troste ?
Are you quite mad ?

Das mag wohl stimmen.
That may or may not be correct.

Das ist wohl richtig.
That may be true, I agree.

Wie man einen Brief schreibt

Im allgemeinen gelten für das Schreiben von Briefen dieselben Regeln wie im Englischen.

Ein klein wenig verschieden sind **Adresse, Anrede** und **Schluss.**   Adresse auf dem Briefumschlag :

> Herrn Dr. jur. Karl Ennmann
> **Berlin O. 12**
> Hochstrasse 3

Auf dem Briefbogen steht :

> Freistadt 16,
> Waldgasse 17
> 7.8
> Sehr geehrter Herr Doktor,
>   Würden Sie mir bitte mitteilen, ob ich Sie am Montag in einer Bankerottsache sprechen kann ?
> Hochachtungsvoll
> Max Omann

Antwort :

> Tel. Ost 2420   Berlin O.1
> Hochstrasse 3
> 9. August
> Sehr geehrter Herr Omann,
>   Ich danke Ihnen bestens für Ihr Schreiben vom 7. August und teile Ihnen mit, das sich Ihnen am Donnerstag um 10 Uhr zur Verfügung stehen kann.
> Hochachtungsvoll
> Dr. K. Ennmann

Musterbriefe

Einladung
   Ich würde mich sehr freuen, wenn Sie am Freitag abend zu uns zum Abendbrot kommen könnten.   Wir haben einen sehr lieben Gast aus England hier, und ich möchte Sie gern mit ihm bekannt machen.

Antwort
   Recht herzlichen Dank fur Ihre freundliche Einladung. Ich komme natürlich mit dem grössten Vergnügen und hoffe auf einen gemütlichen Abend—wie immer. Bitte empfehlen Sie mich Ihrer Frau Gemahlin. Auf frohes Wiedersehen. . . .

Einladung

Ich habe seit langer Zeit nichts von Ihnen gehört. Wollen wir uns nicht einmal in der Stadt treffen ? Ich schlage vor : Kamanns Weinstuben Freitag 7 Uhr. Ich habe Ihnen eine tolle Geschichte zu erzählen. Bitte rufen Sie mich an Nord 1232. . . .

Antwort

Vielen Dank für Ihre Zeilen. Leider bin ich am Freitag geschäftlich verhindert. Aber ich könnte am Sonnabend kommen. Ich platze vor Neugier wegen der tollen Geschichte. Ich habe so eine Ahnung, es handelt sich um diese verdrehte Schraube Liese N. . . .

Geburtstag

Ich schicke Dir mit gleicher Post ein Paket. Es ist eine kleine Überraschung für Dich darin. Du wirst sehen, dass ich Deine geheimsten Wünsche erraten kann. Beinahe hätte ich vergessen, Dir meine herzlichsten Geburtstagswünsche zu senden. Aber Du weisst ja, dass meine liebenden Gedanken immer bei Dir sind, nicht nur an Deinem Geburtstag. Nächstes Jahr um diese Zeit werden wir Geburtstag zusammen feiern . . . hurrah. . . .

Antwort

Nur ein paar Worte in grösster Eile. Ich kann Dir nicht sagen, wie glücklich ich über Dein Geschenk bin, so glücklich, dass ich nächsten Sonnabend zu Dir kommen muss. Wir werden ein Wochenende im „ Forsthaus " verleben. Mehr sage ich nicht.

Beileidsbrief

Ich habe mit grossem Schmerz von Ihrem schweren Verlust gehört. Wir Menschen können in solchen traurigen Stunden nicht trösten. Aber Sie sollen doch wissen, dass wir in tiefster Teilnahme bei Ihnen sind. Der liebe Tote wird immer in unserm Gedächtnis weiterleben.

Antwort

Wir alle sind tief gerührt über Ihre gütigen Worte. Es ist ein grosser Trost, in Stunden des Leides von treuen Freunden umgeben zu sein. Die Einäscherung findet in aller Stille am Freitag statt. Auf Wunsch des Heimgegangenen werden alle Blumenspenden dankend abgelehnt.

Bitte um Verzeihung

Es tut mir furchtbar leid, dass ich Sie gestern abend in diese dumme Sache verwickelt habe. Bitte glauben Sie mir, es war nicht meine Absicht, und es ist mir ganz rätselhaft, wie alles kam. Auf jeden Fall werde ich alles tun, Herrn Essmann aufzuklären und die Schuld ganz auf mich zu nehmen. Ich bitte Sie aufrichtig um Verzeihung.

Antwort

Besten Dank für Ihre Zeilen. Ich will gern alles vergessen. Das Leben ist so kurz und der Tod so lang, daran denke ich immer, und darum möchte ich gern mit allen Menschen in Frieden leben. Wollen Sie nicht einmal einen Abend mit mir verbringen ?

PART TWO

Bilingual Reading matter

Die drei Ringe

Vor grauen Jahren lebt' ein Mann im Osten,
Der einen Ring von unschätzbarem Wert
Aus lieber Hand besass. Der Stein war ein
Opal, der hundert schöne Farben spielte,
Und hatte die geheime Kraft, vor Gott
Und Menschen angenehm zu machen, wer
In dieser Zuversicht ihn trug. Was Wunder,
Dass der Mann im Osten ihn darum nie
Vom Finger liess, und die Verfügung traf,
Auf ewig ihn bei seinem Hause zu
Erhalten. Nämlich so. Er liess den Ring
Von seinen Söhnen dem geliebtesten,
Und setzte fest, dass dieser wiederum
Den Ring von seinen Söhnen dem vermache,
Der ihm der liebste sei ; und stets der liebste,
Ohn' Ansehn der Geburt, in Kraft allein
Des Rings, das Haupt, der Fürst des Hauses werde.

So kam der Ring von Sohn zu Sohn
Auf einen Vater endlich von drei Söhnen,
Die alle drei ihm gleich gehorsam waren,
Die alle drei er folglich gleich zu lieben
Sich nicht entbrechen konnte. Nur von Zeit
Zu Zeit schien ihm bald der, bald dieser, bald
Der dritte,—so wie jeder sich mit ihm
Allein befand, und sein ergiessend Herz
Die andern zwei nicht teilten,—würdiger
Des Ringes, den er denn auch einem jeden
Die Schwachheit hatte, zu versprechen.
Das ging nun so, solang es ging.—Allein
Es kam zum Sterben, und der gute Vater
Kommt in Verlegenheit. Es schmerzt ihn, zwei von
seinen Söhnen, die sich auf sein Wort verlassen, so zu
kränken.—Was zu tun ?

ZWEITER TEIL

The Three Rings

      In olden times there lived in Eastern lands
A man, who from a kindly hand received
A ring of priceless value. An opal stone
Gleamed from within an ever-changing hue.
And hidden was its virtue in its form
To render him of men and God beloved
Who wore it in this fixed unchanging faith.
No wonder that its Eastern owner ne'er
Took it off from his finger, determined
That to his house the ring should be secured.
Therefore he thus bequeathed it : first to him
Who was the dearest of his sons,
Commanding then that he should leave the ring
To the most dear among his children ; then
That without heeding birth, the chosen son,
By virtue of the ring alone, should still
Be lord of all the house.

      From son to son
The ring at last descended to a man
Who had three sons, alike obedient to him,
And whom he loved with just impartial love.
The first, the second, and the third in turn,
According as they each apart received
The overflowings of his heart, appeared
Most worthy as his heir, to take the ring,
Which with good-natured weakness, he in turn
Had promised privately to each ; and thus
Things lasted for some time. But death came near.
The father much embarrassed, could not bear
To disappoint two of his sons, who trusted him.
What could he do ?

Er sendet insgeheim zu einem Künstler,
Bei dem er nach dem Muster seines Ringes,
Zwei andere bestellt, und weder Kosten
Noch Mühe sparen heisst, sie jenem gleich,
Vollkommen gleich zu machen. Das gelingt
Dem Künstler. Da er ihm die Ringe bringt,
Kann selbst der Vater seinen Musterring
Nicht unterscheiden. Froh und freudig ruft
Er seine Söhne, jeden insbesondere,
Gibt jedem insbesondere seinen Segen—
Und seinen Ring, und stirbt.

Kaum war der Vater tot, so kommt ein jeder
Mit seinem Ring, und jeder will der Fürst
Des Hauses sein. Man untersucht, man zankt,
Man klagt. Umsonst ; der rechte Ring war nicht
Erweislich ; Fast so unerweislich als
Uns jetzt der rechte Glaube. . . .

Wie gesagt : die Söhne
Verklagten sich ; und jeder schwur dem Richter,
Unmittelbar aus seines Vaters Hand
Den Ring zu haben,—wie auch wahr—nachdem
Er von ihm lange das Versprechen schon
Gehabt, des Ringes Vorrecht einmal zu
Geniessen.—Wie nicht minder wahr.—Der Vater,
Beteuerte jeder, könne gegen ihn
Nicht falsch gewesen sein ; und eh' er dieses
Von ihm, von einem solchen lieben Vater,
Argwöhnen lass' ; eh' muss' er seine Brüder,
So gern er sonst von ihnen nur das Beste
Bereit zu glauben sei, des falschen Spiels
Bezeihen ; und er wolle die Verräter
Schon auszufinden wissen, sich schon rächen.

Der Richter sprach : ,, Wenn ihr mir nun den Vater
Nicht bald zur Stelle schafft, so weise ich euch
Von meinem Stuhle. Denkt ihr, dass ich Rätsel
Zu lösen da bin ? Oder harret ihr,
Bis dass der rechte Ring den Mund eröffne ?—
Doch halt. Ich höre ja, der echte Ring
Besitzt die Wunderkraft, beliebt zu machen,
Vor Gott und Menschen angenehm. Das muss

In secret then he asked
The jeweller to come, that from the form
Of the true ring he may bespeak two more
Nor cost nor pains are to be spared, to make
The rings alike—quite like the true one. This
The artist managed. When the rings were brought
The father's eye could not distinguish which
Had been the model. Overjoyed, he calls
His sons, takes leave of each apart—bestows
His blessing and his ring on each—and dies.

Scarce is the father dead,
When with his ring, each separate son appears,
And claims to be the lord of all the house.
Question arises, tumult and debate—
But all in vain—the true ring could no more
Be then distinguished than . . . the true faith now.

We said the sons complained ; each to the judge
Swore from his father's hands immediately
To have received the ring—as was the case—
In virtue of a promise, that he should
One day enjoy the ring's prerogative.
In this they spoke the truth. Then each maintained
It was not possible that to himself
His father had been false. Each could not think
His father guilty of an act so base.
Rather than that, reluctant as he was
To judge his brethren, he must yet declare
Some treacherous act of falsehood had been done.

The judge said : " If the father is not brought
Before my seat, I cannot judge the case.
Am I to judge enigmas ? Do you think
That the true ring will here unseal its lips ?
But hold. You tell me that the real ring
Enjoys the secret power to make the man
Who wears it, both by God and man, beloved,

Entscheiden. Denn die falschen Ringe werden
Doch das nicht können.—Nun, wen lieben zwei
Von euch am meisten ?—Macht, Ihr schweigt ? sagt an.
Die Ringe wirken nur zurück und nicht
Nach aussen ? Jeder liebt sich selber nur
Am meisten ?—O, so seid ihr alle drei
Betrogene Betrüger. Eure Ringe
Sind alle drei nicht echt. Der echte Ring
Vermutlich ging verloren. Den Verlust
Zu bergen, liess der Vater
Die drei für einen machen.
Und also," fuhr der Richter fort, ,, wenn ihr
Nicht meinen Rat statt meines Spruches, wollt :
Geht nur. Mein Rat ist aber der : ihr nehmt
Die Sache völlig, wie sie liegt. Hat von
Euch jeder seinen Ring von seinem Vater,
So glaube jeder sicher seinen Ring
Den echten.—Möglich, dass der Vater nun
Die Tyrannei des einen Ringes nicht hat
In seinem Hause länger dulden wollen."

G. E. Lessing.

Hans im Glück

Hans hatte sieben Jahre bei seinem Herrn gedient, de
sprach er zu ihm : ,, Herr, meine Zeit ist herum, nun wollta
ich gern wieder heim zu meiner Mutter, gebt mir meinen
Lohn ! " Der Herr antwortete : ,, Du hast mir treu und
ehrlich gedient ; wie der Dienst war, so soll der Lohn sein,"
und gab ihm ein Stück Gold, dass so gross wie Hansens Kopf
war ! Hans zog sein Tüchlein aus der Tasche, wickelte den
Klumpen hinein, setzte ihn auf die Schulter und machte sich
auf den Weg nach Haus. Wie er so dahinging und immer ein
Bein vor das andere setzte, kam ihm ein Reiter in die
Augen, der frisch und fröhlich auf einem munteren Pferd
vorbeitrabte. ,, Ach," sprach Hans ganz laut, ,, was ist das
Reiten ein schönes Ding ! Da sitzt einer wie auf einem
Stuhl, stösst sich an keinem Stein, spart die Schuh' und
kommt fort, er weiss nicht wie ! " Der Reiter, der das
gehört hatte, hielt an und rief : ,, Ei, Hans, warum läufst

Let that decide. Who of the three is loved
Best by his brethren ? Is there no reply ?
What ? do these love-exciting rings alone
Act inwardly ? Have they no outward charm ?
Does each one love himself alone ? You're all
Deceived deceivers. All your rings are false.
The real ring, perchance, has disappeared ;
And so your father, to supply the loss,
Has caused three rings to fill the place of one."
        And—the judge continued :—
" If you insist on judgment and refuse
My counsel, be it so. I recommend
That you consider how the matter stands.
Each from his father has received a ring :
Let each then think the real ring his own.
Your father, possibly, desired to free
His house from one ring's tyrannous control."

                                    G. E. Lessing.

Hans in Luck

Hans had served his master seven years, and at last said
to him, " Master, my time is up, I should like to go home and
see my mother ; so give me my wages." And the master
said, " you have been a faithful and good servant, so your
pay shall be handsome." Then he gave him a piece of gold
that was as big as his head.

Hans took out his pocket-handkerchief, put the piece of
gold into it, threw it over his shoulder, and jogged off home-
ward. As he went lazily on, dragging one foot after another,
a man came in sight, trotting along gaily on a fine horse.
" Ah," said Hans aloud, " what a fine thing it is to ride on
horseback. There he sits as if he was at home in his chair ;
he trips against no stones, spares his shoes, and yet gets on
he hardly knows how." The horseman heard this, and said,
" Well, Hans, why do you go on foot then ? " " Ah," said

du auch zu Fuss ? "—„ Ich muss ja wohl," antwortete er ;
„ da habe ich einen Klumpen heimzutragen ; es ist zwar
Gold, aber ich kann den Kopf dabei nicht geradhalten, auch
drückt mir's auf die Schulter."—„ Weisst du was ? " sagte
der Reiter, „ wir wollen tauschen : ich gebe dir mein Pferd,
und du gibst mir deinen Klumpen "—„ Von Herzen gern,"
sprach Hans ; „ aber ich sage Euch, Ihr müsst Euch damit
schleppen ! " Der Reiter stieg ab, nahm das Gold und half
dem Hans hinauf, gab ihm die Zügel fest in die Hände und
sprach : „ Wenn's nun recht geschwind soll gehen, so musst
du mit der Zunge schnalzen und hopphopp ! rufen."

Hans war seelenfroh, als er auf dem Pferde sass und so
frank und frei dahinritt. Über ein Weilchen fiel's ihm ein,
es sollte noch schneller gehen, und er fing an mit der Zunge
zu schnalzen und hopphopp ! zu rufen. Das Pferd setzte sich
in starken Trab, und ehe sich's Hans versah, war er abge-
worfen und lag in einem Graben, der die Äcker von der Land-
strasse trennte. Das Pferd wäre auch durchgegangen, wenn
es nicht ein Bauer aufgehalten hätte, der des Weges kam
und eine Kuh vor sich hertrieb. Hans suchte seine Glieder
zusammen und machte sich wieder auf die Beine. Er war
aber verdriesslich und sprach zu dem Bauern : „ Es ist ein
schlechter Spass, das Reiten, zumal wenn man auf so eine
Mähre gerät wie diese, die stösst und einen hinabwirft,
dass man den Hals brechen kann ; ich setze mich nun und
nimmermehr wieder auf. Da lob ich mir Eure Kuh ; da
kann einer mit Gemächlichkeit hinterher gehen und hat
obendrein seine Milch, Butter und Käse jeden Tag gewiss.
Was gäb' ich darum, wenn ich so eine Kuh hätte ! "—„ Nun,"
sprach der Bauer, „ geschieht Euch so ein grosser Gefallen,
so will ich Euch wohl die Kuh für das Pferd vertauschen."
Hans willigte mit tausend Freuden ein, der Bauer schwang
sich aufs Pferd und ritt eilig davon.

Hans trieb seine Kuh ruhig vor sich her und bedachte den
glücklichen Handel. „ Hab' ich nur ein Stück Brot, und
daran wird mir's doch nicht fehlen, so kann ich, sooft mir's
beliebt, Butter und Käse dazu essen ; hab ich Durst, so
melk ich meine Kuh und trinke Milch. Herz, was verlangst
du mehr ? "—Als er zu einem Wirtshaus kam, machte er
halt, ass in der grossen Freude alles, was er bei sich hatte,
sein Mittag-und Abendbrot, rein auf und liess sich für seine
letzten paar Heller ein halbes Bier einschenken. Dann trieb
er seine Kuh weiter, immer nach dem Dorfe seiner Mutter zu.–

he, " I have this load to carry ; to be sure it is gold, but it is so heavy that I can't hold up my head, and it hurts my shoulder sadly." " What do you say to changing ? " said the horseman ; " I will give you my horse, and you shall give me the gold." " With all my heart," said Hans ; " but I tell you one thing—you will have a weary task to drag it along." The horseman got off, took the gold, helped Hans up, gave him the bridle into his hand, and said, " When you want to go very fast, you must smack your lips loud and cry ' Jip '."

Hans was delighted as he sat on his horse, and rode merrily on. After a time he thought he should like to go a little faster, so he smacked his lips, and cried " Jip." Away went the horse full gallop ; and before Hans knew what he was about he was thrown off, and lay in a ditch by the roadside ; and his horse would have run off if a peasant who was coming by, driving a cow, had not stopped it. Hans soon came to himself, and got upon his legs again. He was sadly vexed, and said to the peasant. " This riding is no joke when a man gets on a beast like this, that stumbles and flings him off as if he would break his neck. However, I'm off now once for all ; I like your cow a great deal better ; one can walk along at one's leisure behind her, and have milk, butter and cheese every day into the bargain. What would I give to have such a cow." " Well," said the peasant, " if you are so fond of her, I will change my cow for your horse." " Done," said Hans merrily. The peasant jumped upon the horse, and away he rode.

Hans drove off his cow quietly, and thought his bargain a very lucky one. " If I have only a piece of bread (and certainly I shall be able to get that), I can, whenever I like, eat my butter and cheese with it ; and when I am thirsty I can milk my cow and drink the milk : what can I wish for more ? " When he came to an inn, he halted, ate all his bread, and gave away his last penny for a glass of beer ; then he drove his cow towards his mother's village ; and the heat grew greater as noon came on, till at last he found

Die Hitze ward drückender, je näher der Mittag kam, und Hans befand sich in einer Heide, die wohl noch eine Stunde dauerte. Da ward es ihm ganz heiss, so dass ihm vor Durst die Zunge am Gaumen klebte ,, Dem Ding ist zu helfen," dachte Hans, ,, jetzt will ich meine Kuh melken und mich an der Milch laben." Er band sie an einen dürren Baum, und da er keinen Eimer hatte, so stellte er seine Ledermütze unter ; aber wie er sich auch mühte, es kam kein Tropfen Milch zum Vorschein. Und weil er sich ungeschickt dabei anstellte, so gab ihm das ungeduldige Tier endlich mit einem der Hinterfüsse einen solchen Schlag vor den Kopf, dass er zu Boden taumelte und sich eine Zeitlang gar nicht besinnen konnte, wo er war. Glücklicherweise kam gerade ein Metzger des Weges, der auf einem Schubkarren ein junges Schwein liegen hatte. ,, Was sind das für Streiche !" rief er und half dem guten Hans auf. Hans erzählte, was vorgefallen war. Der Metzger reichte ihm seine Flasche und sprach : ,, Da, trinkt einmal und erholt Euch ! Die Kuh wird wohl keine Milch geben ; das ist ein altes Tier, das höchstens noch zum Ziehen taugt oder zum Schlachten."— ,, Ei, ei," sprach Hans und strich sich die Haare über den Kopf, ,, wer hätte das gedacht ! Es ist freilich gut, wenn man so ein Tier im Haus abschlachten kann ; was gibt's für Fleisch ! Aber ich mache mir aus dem Kuhfleisch nicht viel ; es ist mir nicht saftig genug. Ja, wer so ein junges Schwein hätte ! Das schmeckt anders ; dabei noch die Würste !"— ,, Hört, Hans," sprach da der Metzger, ,, Euch zuliebe will ich tauschen und will Euch das Schwein für die Kuh lassen ! " ,, Gott lohn' Euch Eure Freundschaft ! " sprach Hans, übergab ihm die Kuh, liess sich das Schweinchen vom Karren losmachen und den Strick, woran es gebunden war, in die Hand geben.

Hans zog weiter und überdachte, wie ihm doch alles nach Wunsch ginge ; begegnete ihm ja eine Verdriesslichkeit, so würde sie doch gleich wieder gutgemacht.—Es gesellte sich danach ein Bursch zu ihm, der trug eine schöne weisse Gans unter dem Arm. Sie boten einander die Zeit, und Hans fing an, von seinem Glück zu erzählen und wie er immer so vorteilhaft getauscht hätte. Der Bursch erzählte ihm, dass er die Gans zu einem Kindtaufschmaus brächte. ,, Hebt einmal," fuhr er fort und packte sie bei den Flügeln, ,, wie schwer sie ist ; die ist aber auch acht Wochen lang genudelt worden ! Wer in den Braten beisst, muss sich das Fett von

himself on a wide moor that would take him more than an hour to cross, and he began to be so hot and parched that his tongue clave to the roof of his mouth. " I can find a cure for this," thought he, " now will I milk my cow and quench my thirst ; " so he tied her to the stump of a tree and held his leathern cap to milk into ; but not a drop was to be had.

While he was trying his luck and managing the matter very clumsily, the uneasy beast gave him a kick on the head that knocked him down, and there he lay a long while senseless. Luckily a butcher soon came by driving a pig in a wheelbarrow. " What is the matter with you ? " said the butcher as he helped him up. Hans told him what had happened, and the butcher gave him a flask, saying, " There, drink and refresh yourself ; your cow will give you no milk, she is an old beast, good for nothing but the slaughterhouse." " Alas, alas," said Hans, " who would have thought it ? If I kill her, what will she be good for ? I hate cow-beef, it is not tender enough for me. If it were a pig now, one could do something with it : it would at any rate make some sausages." " Well," said the butcher, " to please you, I'll change, and give you the pig for the cow." " Heaven reward you for your kindness ! " said Hans as he gave the butcher the cow, and took the pig off the wheel-barrow and drove it off, holding it by the string that was tied to its leg.

So he jogged, and all seemed now to be all right with him ; he had met with some misfortunes, to be sure ; but he was now well repaid for all. The next person he met was a countryman carrying a fine white goose under his arm. The countryman stopped to ask what time it was ; and Hans told him all his luck, and how he had made so many good bargains. The countryman said he was going to take the goose to a christening. " Feel," said he, " how heavy it is, and yet it is only eight weeks old. Whoever roasts and eats it may cut plenty of fat off it, it has lived so well." " You're right,"

beiden Seiten abwischen."—,, Ja," sprach Hans und wog sie
in der einen Hand, ,, die hat ihr Gewicht; aber mein
Schwein ist auch keine Sau." Indessen sah sich der Bursche
nach allen Seiten ganz bedenklich um, schüttelte auch wohl
mit dem Kopfe. ,, Hört," fing er darauf an, ,, mit Eurem
Schwein mag's nicht ganz richtig sein! In dem Dorfe, durch
das ich gekommen bin, ist eben dem Schulzen eins aus dem
Stall gestohlen worden. Ich fürchte, ich fürchte, Ihr habt's da
in der Hand. Sie haben Leute ausgeschickt, und es wäre ein
schlimmer Handel, wenn sie Euch mit dem Schweine er-
wischten; das geringste ist, dass Ihr ins finstere Loch ge-
steckt werdet. Dem guten Hans ward bange. ,, Ach Gott,"
sprach er, ,, helft mir aus der Not! Ihr wisst hier herum
besser Bescheid; nehmt mein Schwein da und lasst mir Eure
Gans!"—,, Ich muss schon etwas aufs Spiel setzen,"
antwortete der Bursche; ,, aber ich will doch nicht schuld
sein, dass Ihr ins Unglück geratet." Er nahm also das Seil
in die Hand und trieb das Schwein schnell auf einen Seiten-
weg fort; der gute Hans aber ging, seiner Sorgen entledigt,
mit der Gans unter dem Arme der Heimat zu. ,, Wenn ich's
recht überlege," sprach er mit sich selbst, ,, habe ich noch
Vorteil bei dem Tausch: erstlich den guten Braten, hernach
die Menge von Fett, die herausträufeln wird, das gibt
Gänsefettbrot auf ein Vierteljahr, und endlich die schönen,
weissen Federn, die lass ich mir in mein Kopfkissen stopfen,
und darauf will ich wohl ungewiegt einschlafen." Was wird
meine Mutter eine Freude haben.

Als er durch das letzte Dorf gekommen war, stand da
ein Scherenschleifer mit seinem Karren; sein Rad schnurrte,
und er sang dazu:

> ,, Ich schleife die Schere und drehe geschwind
> und hänge mein Mäntelchen nach dem Wind."

Hans blieb stehen und sah ihm zu; endlich redete er ihn
an und sprach: ,, Euch geht's wohl, weil Ihr so lustig bei
Eurem Schleifen seid."—,, Ja," antwortete der Scheren-
schleifer, ,, das Handwerk hat einen güldenen Boden.
Ein rechter Schleifer ist ein Mann, der, sooft er in die Tasche
greift, auch Geld darin findet. Aber wo habt Ihr die schöne
Gans gekauft?"—,, Die hab' ich nicht gekauft, sondern für
mein Schwein eingetauscht."—,, Und das Schwein?"—
,, Das hab' ich für eine Kuh gekriegt."—,, Und die Kuh?"
—,, Die hab' ich für ein Pferd bekommen."—,, Und das

said Hans as he weighed it in his hand ; " but my pig is no trifle." Meanwhile the countryman began to look grave, and shook his head. " Hark ye," said he, " my good friend ; your pig may get you into a scrape ; in the village I've just come from, the squire has had a pig stolen out of his sty. I was dreadfully afraid, when I saw you, that you had got the squire's pig ; it will be a bad job if they catch you ; the least they'll do is to throw you into the horse pond."

Poor Hans was sadly frightened. " Good man," cried he, " pray, get me out of this scrape ; you know this country better than I, take my pig and give me your goose." " I ought to have something into the bargain," said the country-man ; " however, I will not bear hard upon you, as you are in trouble." Then he took the string into his hand and drove off the pig by a side path while Hans went on his way home-ward free from care. " After all," thought he, " I have the best of the bargain ; first there will be a capital roast ; then the fat will find me in goose grease for six months ; and then there are the beautiful white feathers ; I will put them into my pillow, and then, I am sure, I shall sleep soundly without rocking. How happy my mother will be."

As he came to the last village, he saw a scissor grinder with his wheel, working away, and singing :

> " I am a grinder as happy can be,
> In the world is no luckier
> Fellow than me."

Hans stood looking for a while, and at last said, " You must be well off, master grinder, you seem so happy at your work." " Yes," said the other, " mine is a golden trade ; a good grinder never puts his hand in his pocket without finding money in it—but where did you buy that beautiful goose ? " " I did not buy it, but changed it for a pig." " And where did you get the pig ? " " I gave a cow for it." " And the cow ? " " I gave a horse for it." " And the horse ? " " I

Pferd ? "—„ Dafür hab' ich einen Klumpen Gold, so gross
wie mein Kopf, gegeben."—„ Und das Gold ? "—„ Ei, das
war mein Lohn für sieben Jahre Dienst ! "—„ Ihr habt Euch
jederzeit zu helfen gewusst," sprach der Schleifer ; „ könnt
Ihr's nun dahin bringen, dass Ihr das Geld in der Tasche
springen hört, wenn Ihr aufsteht, so habt Ihr Euer Glück
gemacht." „ Wie soll ich das anfangen ? " sprach Hans.—
„ Ihr müsst ein Schleifer werden wie ich ; dazu gehört
eigentlich nichts als ein Wetzstein ; das andere findet sich
schon von selbst. Da hab' ich einen, der ist zwar ein wenig
schadhaft ; dafür sollt Ihr mir aber auch weiter nichts als
Eure Gans geben ; wollt Ihr das ? "—„ Wie könnt Ihr noch
fragen," antwortete Hans, „ ich werde ja zum glücklichsten
Menschen auf Erden ! Habe ich Geld, sooft ich in die Tasche
greife, was brauche ich da länger zu sorgen ? " reichte ihm
die Gans hin und nahm den Wetzstein in Empfang. „ Nun,"
sprach der Schleifer und hob einen gewöhnlichen schweren
Feldstein, der neben ihm lag, auf, „ da habt Ihr noch einen
tüchtigen Stein dazu, auf dem sich's gut schlagen lässt und
Ihr Eure alten Nägel geradeklopfen könnt. Nehmt ihn und
hebt ihn ordentlich auf ! "

Hans lud den Stein auf und ging mit vergnügtem Herzen
weiter ; seine Augen leuchteten vor Freude. „ Ich muss in
einer Glückshaut geboren sein," rief er aus ; „ alles, was ich
wünsche, trifft mir ein wie einem Sonntagskind ! " Indessen,
weil er seit Tagesanbruch auf den Beinen gewesen war,
begann er, müde zu werden ; auch plagte ihn der Hunger, da
er allen Vorrat auf einmal in der Freude über die erhandelte
Kuh aufgezehrt hatte. Er konnte endlich nur mit Mühe
weitergehen und musste jeden Augenblick haltmachen ;
dabei drückten ihn die Steine ganz erbärmlich. Da konnte
er sich des Gedankens nicht erwehren, wie gut es wäre,
wenn er sie gerade jetzt nicht zu tragen brauchte. Wie
eine Schnecke kam er zu einem Feldbrunnen geschli-
chen, wollte da ruhen und sich mit einem frischen Trunk
laben ; damit er aber die Steine im Niedersitzen nicht
beschädigte, legte er sie bedächtig neben sich auf den Rand
des Brunnens. Darauf setzte er sich nieder und wollte sich
zum Trinken bücken, da versah er's, stiess ein klein wenig
an, und beide Steine plumpsten hinab. Hans, als er sie mit
seinen Augen in die Tiefe hatte versinken sehen, sprang vor
Freude auf, kniete dann nieder und dankte Gott mit Tränen
in den Augen. dass er ihm auch diese Gnade noch erwiesen

gave a piece of gold as big as my head for that." " And the gold ? " " Oh, I worked hard for that seven long years." " You have thriven well in the world hitherto," said the grinder ; " now if you could find money in your pocket whenever you put your hand into it your fortune would be made." " Very true ; but how is that to be managed ? " " You must turn grinder like me," said the other ; " you only want a grindstone ; the rest will come of itself. Here is one that is a little the worse for wear ; I would not ask more than the value of your goose for it ; will you buy ? " " How can you ask such a question ? " replied Hans ; " I should be the happiest man in the world if I could have money whenever I put my hand in my pocket ; what could I want more ? There's the goose." " Now," said the grinder, as he gave him a common, rough stone that lay by his side, " this is a most capital stone ; do but manage it cleverly, and you can straighten old nails on it."

Hans took the stone and went off with a light heart ; his eyes sparkled with joy, and he said to himself, " I must have been born in a lucky hour ; everything that I want or wish for comes to me of itself."

Meanwhile he began to be tired, for he had been travelling ever since day-break ; he was hungry, too, for he had given away his last penny in his joy at getting the cow. At last he could go no further, and the stone tired him terribly ; he dragged himself to the side of a well, that he might drink some water, and rest a while ; so he laid the stone carefully on the edge of the well ; but as he stooped down to drink, he forgot it, pushed it a little, and down it went with a plump into the well. For a while he watched it sinking in the deep clear water, then jumped up with joy, and again fell upon his knees, and thanked heaven with tears in his eyes for its kindness in taking away his only burden, the ugly

und ihn auf eine so gute Art, und ohne dass er sich einen
Vorwurf zu machen brauchte, von den schweren Steinen
befreit hätte, die ihm allein noch hinderlich gewesen wären.
,, So glücklich wie ich,'' rief er aus, ,, gibt es keinen Menschen
unter der Sonne ! '' Mit leichtem Herzen und frei von aller
Last sprang er nun fort, bis er daheim bei seiner Mutter war.

Brüder Grimm.

Die Prinzessin auf der Erbse

Es war einmal ein Prinz, der wollte eine Prinzessin heiraten
aber es sollte eine wirkliche Prinzessin sein.

Nun reiste er in der ganzen Welt umher, um eine solche zu
finden, aber überall stand etwas im Wege. Prinzessinnen
waren schon genug da, aber ob es auch wirkliche Prinzessinnen waren, dahinter konnte er durchaus nicht kommen ;
immer war etwas da, das nicht stimmte.

So kam er denn wieder nach Hause und war ganz betrübt,
denn er wollte so gern eine wirkliche Prinzessin haben.

Eines Abends entstand ein furchtbares Unwetter ; es
blitzte und donnerte ; der Regen strömte hernieder ; es
war geradezu entsetzlich. Da klopft es an das Stadttor und
der alte König ging hin, um zu öffnen. Es war eine Prinzessin,
die draussen vor demselben stand. Aber, mein Gott, wie sah
sie von dem Regen und dem bösen Wetter aus ! Das Wasser
triefte ihr von den Haaren und Kleidern herunter und lief
in die Schuhspitzen hinein und aus den Hacken wieder heraus,
und sie sagte, dass sie eine wirkliche Prinzessin wäre.

,, Nun, das wollen wir bald genug herausbekommen ! ''
dachte die alte Königin,—sagte aber nichts, ging in das
Schlafzimmer, nahm das ganze Bettzeug heraus und legte
eine Erbse auf den Boden der Bettstelle. Darauf nahm sie
zwanzig Matratzen, legte sie auf die Erbse, und dann noch
zwanzig Eiderdaunenbetten oben auf die Matratzen. Da
sollte die Prinzessin nun des Nachts liegen. Am Morgen
fragte man sie, wie sie geschlafen hätte.

,, O, entsetzlich schlecht ! '' sagte die Prinzessin, ,, ich
habe fast die ganze Nacht kein Auge zutun können ! Gott
weiss, was in meinem Bette gewesen ist ! Ich habe auf etwas

heavy stone. "How happy am I," cried he : "no mortal is luckier than I am." Then up he got with a light and merry heart, and walked on free from all his troubles, till he reached his mother's house.

Brothers Grimm.

The Princess on the Pea

There was once a prince, who wanted to marry a princess, but it must be a genuine princess.

So he travelled over the whole world, to find such a one, but everywhere something stood in the way. There were princesses enough there, but whether they were genuine princesses, he could not quite discover ; something was always there that did not agree.

So then he came back home and was very troubled for he wanted so much to have a genuine princess.

One evening a thunderstorm sprang up ; it lightninged and thundered ; the rain streamed down ; it was downright dreadful. Then someone knocked at the town gate and the old king went there in order to open it. It was a princess who stood outside before him. But, good heavens, what did she look like, what with the rain and the bad weather ! The water dripped down from her hair and clothes and ran into the toes of her boots and out of the heels again, and she said that she was a genuine princess.

"Now, that we shall find out soon enough," thought the old queen, but said nothing, went into the bedroom, took all the bedding out and laid a pea on the bottom of the bedstead. Thereupon she took twenty mattresses, laid them on the pea, and then twenty eiderdowns over the mattresses. So had the princess, now, to lie the night. In the morning she was asked how she had slept.

"O, terribly badly !" said the princess, "I have, almost the whole night, been unable to close my eyes. Goodness knows what was in my bed. I have lain on something hard,

Hartem gelegen, so dass ich am ganzen Körper braun und blau bin ! Es ist wahrhaft entsetzlich ! "

Daran konnte man denn sehen, dass sie eine wirkliche Prinzessin war, da sie durch die zwanzig Matratzen und die zwanzig Eiderdaunenbetten die Erbse gefühlt hatte. So feinfühlig konnte nur eine wirkliche Prinzessin sein.

Da nahm der Prinz sie zur Frau, denn nun wusste er, dass er eine wirkliche Prinzessin hatte, und die Erbse kam auf die Kunstkammer, wo sie noch zu sehen ist, wenn sie niemand genommen hat. Seht, das war eine wirkliche Geschichte !

Hans Andersen.

Der Brief

Wenn das Sonntagsmahl abgeräumt ist, hört man den alten Bingle manchmal sagen : ,, Keiner von euch soll mich jetzt stören, Ich muss einige Briefe schreiben, versteht ihr ? "

Dann geht er in die gute Stube schlafen. (Wie jeder weiss.) Einmal allerdings waren seine Worte wahr, und er beeilte sich, die Tatsache anzukündigen, indem er nach den Gegenständen schrie, die er benötigte.

,, Wo ist das Papier, Mutter ? " schrie er. ,, Im Pult," antwortete sie. Er schloss es auf und fand einige Schnitte muster für ein Kleid, Wolle, Briefe, Rechungen, Quittungen, Preislisten von Sämereien, Rezepte und tausende assortierte Perlen. Vielleicht in seinem Brieffach ? O nein— ei ! Dies waren die Photos vom Vorjahr ! Wie gut dieses von ihm war, wie er gerade schwimmen ging !

Eine angenehme halbe Stunde ging rasch vorüber. Er riss sich endlich loss und durchsuchte das Pult gründlich, als er einige Bogen Briefpapier und Umschläge fand. Dann ergriff er seine Feder. Hol's der Teufel ! Es war keine Tinte da. Er hatte schon immer eine Füllfeder kaufen wollen. ,, Mutter ! Wo ist die Tinte ? " musste er nun brüllen. ,, Oh, Ernst hatte sie zuletzt," kreischte Maud. ,, Ich glaube sie ist auf seinem Ankleidetisch."

Herr Bingle ging hinauf um zu suchen. Er fand sie, brachte sie hinunter, und beim Öffnen der Flasche verschüttete er einen Tropfen auf den Teppich. Er benützte sein Taschen-

so that I am brown and blue over my whole body. It is really terrible ! "

Thereon, one could see that she was a genuine princess, as she had felt the pea through the twenty mattresses and the twenty eiderdowns. So delicate a one could only be a real princess.

So the prince took her as his wife, for he knew now that he had a real princess, and the pea came to the curio-cabinet, where it may still be seen, if nobody has taken it. See, that's a true story !

Hans Andersen.

The Letter

When Sunday lunch is cleared away old Bingle is sometimes heard to say : " Don't any of you bother me, I have to write some letters, do you see ? "

Then to the drawing-room he goes, to sleep. (As everybody knows.) Once indeed his words were true, and he hastened to announce the fact by shouting for the things he lacked.

" Where is the paper, Ma ? " he cried. " Inside the desk," she replied. Unlocking it he found some paper patterns for a frock, wool, letters, bills, receipts, catalogues of seeds, recipes and thousands of assorted beads. Inside his pigeon-hole perhaps ? Oh, no—why ! These were last year's snaps ! How good was this one of him when he was going for a swim !

A pleasant half-hour swiftly passed. He tore himself away at last and searched the desk thoroughly when he found some sheets of writing-paper and envelopes. Then he seized his pen. Confound it ! There was no ink. He always had wanted to buy a fountain pen. " Ma ! Where's the ink ? " he had to shout. " Oh, Ernest had it last," screamed Maud. " I think it is on his dressing-table."

Mr. Bingle went upstairs to look. He found it, brought it down, and on opening the bottle, spilt a drop on the carpet.

tuch (um) den Teppich zu säubern, und versteckte es, wo Mutter es nicht sehen würde.

Dann setzte er sich nieder und begann : „ Lieber Blenkin-sop ! Wegen der Bergwerksaktien, alter Knabe. . . ." Er machte eine Pause für eine Eingebung. Sie kam nicht. Er wartete lang. Aber ganz vergeblich. Er strich die Zeilen aus, dann zerriss er das Papier und begann wieder.

Als Frau Bingle hereinkam, fand sie verwüstete Bogen herumgestreut. Der Schreiber zeichnete mit einer träumeri-schen Miene lockige Mädchen.

Sie spitzte die Lippen, dann schrie sie ihm laut ins Ohr : „ Teezeit, mein Lieber ! " Sie lachte, als sie sah, wie er bei ihren Worten auffuhr und erwachte. „ Ich hoffe, du hast deinen Brief fertiggebracht ? "

„ Ja-nein ! " antwortete Herr Bingle. „ Es ist nicht not-wendig, dass ich ihn heute. . . . Ich werde ihn Dienstag ohnehin sehen."

Gute Freundinnen

Frau Baum hatte ihre Nachbarin, Frau Engel, besucht, und sie sassen zusammen beim Tee. „ Sie sehen so gut aus, meine Liebe," sagte Frau Baum. „ Mein Mann sagte es auch. Sie erinnern sich, wir begegneten uns vergangene Woche und er sagte zu mir : Minni, sagte er, ist das Frau Engel ? Sie ist etwas stärker geworden, aber sie sieht so gut aus ! Wie gefällt Ihnen mein neues Kleid ? "

„ Oh, ich denke, es ist einfach süss. Es hat Ihnen nicht halb so gut gestanden, als es grün war. Sie sind so findig in solchen Dingen, Frau Baum. Ich habe zufällig neulich aus dem Küchenfenster geschaut und sah Sie es färben. Ich wollte, ich könnte diese Dinge so gut, wie Sie. Ich musste mir ein neues Kleid kaufen, als wir bei Brauns letzte Woche eingeladen waren. Möchten Sie gern es anschauen, Frau Baum ? "

„ Ach, ich möchte es schrecklich gerne sehen," sagte ihre Besucherin, süss lächelnd. So brachte Frau Engel ihr neues Kleid siegesbewusst : „ Man sagte mir, es ist ein Pariser Modell."

„ Oh, es ist tatsächlich sehr fesch. Ich erinnere mich, es im Schaufenster bei Bird gesehen zu haben, als sie dort

He used his handkerchief to mop the carpet and hid it where Ma wouldn't see it.

Then he sat down and began : " Dear Blenkinsop, about those mining shares, old man——" He paused for an inspiration. It came not. He waited long. But all in vain. He scratched out the lines, then scrapped the paper and began again.

When Mrs. Bingle came in she found spoilt sheets of paper strewn about. The writer with a dreamy air, was drawing girls with fluffy hair.

She pursed her lips, then, in his ear she shouted loudly " Tea-time, dear ! " She laughed to see how, when she spoke, he started and awoke. " I hope you have got your letter done ? "

" Well—no ! " responded Mr. Bingle, " there's no necessity today—I'll see him Tuesday, anyway."

Great Friends

Mrs. Baum had called at her neighbour's, Mrs. Engel and they were having tea together. " You do look so well, my dear," said Mrs. Baum. " My husband said so, too. You remember we met last week and he said to me Minnie, he said, is that Mrs. Engel ? She has grown a little stout, but she does look so well ! How do you like my new frock ? "

" Oh, I think it is simply sweet. It did not suit you half so well when it was green. You are so clever at doing things, Mrs. Baum. I happened to look out of the kitchen window the other day and saw you dyeing it. I wish I could do these things as well as you can. I had to buy a new dress when we were invited to the Braun's last week. Would you like to have a look at it Mrs. Baum ? "

" Oh, I'd simply love to see it," said her visitor smiling sweetly. So Mrs. Engel brought her new frock and said triumphantly. " They told me it is a Paris model."

" Oh, it is smart indeed. I remember seeing it in the shop window at Bird's when they had the big sale there last week.

vergangene Woche den grossen Ausverkauf machten. Ich zeigte es meiner Nichte, aber sie sagte, sie glaube, es wäre für sie zu auffallend."

In diesem Augenblick läutete das Telefon, Frau Engel verliess das Zimmer, um den Anruf zu erledigen. In der Zwischenzeit besichtigte Frau Baum die Bücher auf dem Regal. Sie nahm ein Buch zur Hand, und als Frau Engel zurückkam, sagte sie : ,, Das ist gerade das Buch, das ich mir schon seit langem zu lesen gewünscht habe. Hätten Sie etwas dagegen, es mir zu leihen ? "

,, Ja, sehen Sie, ich würde es Ihnen gerne leihen, wenn Sie es hier lesen wollten. Nur gebe ich Bücher nicht gerne aus dem Haus." Darauf bemerkte Frau Baum plötzlich, dass es schrecklich spät geworden war, sagte ,, Lebewohl " und ging.

Einige Tage später besuchte Frau Engel Frau Baum. Sie hatten einen reizenden kleinen Plausch als Frau Engel plötzlich bemerkte : ,, Ach, da fällt mir gerade ein, meine Liebe, ich wollte Sie um eine kleine Gefälligkeit bitten. Sie haben solch einen wunderbaren Staubsauger, würden Sie mir ihn an einem dieser Tage leihen ? "

,, Sicherlich, meine Liebe," erwiderte Frau Baum, ,, ich würde ihn mit Vergnügen verborgen, nur gebe ich meinen Staubsauger nicht gerne aus dem Hause."

Wie man ein altes Auto am besten verkauft

Es gibt viele Kraftfahrer, die gerne die Erfahrung eines Mannes machen möchten, dessen Geschichte ich unlängst hörte.

Ein Offizier, auf Urlaub von Indien, kaufte einen alten Wagen für vierzig Pfund, benutzte ihn sechs Monate, und als sein Urlaub vorüber war, versuchte er, ihn zu verkaufen.

Er ging zu verschiedenen Garagen, aber nicht eine wollte ihm mehr als fünf Pfund bieten.

Das lehnte er ab, weil er für den Motor und das gründliche Überholen des Wagens Geld ausgegeben hatte. Am Ende beschloss er, sich nicht mit dem Verkaufen zu plagen, sondern ihn bis zum letzten Augenblick zu benutzen und

I pointed it out to my niece, but she said, she thought it was too showy for her."

At this moment the telephone rang. Mrs. Engel left the room to answer the call. In the meantime Mrs. Baum inspected the books on the book shelf. She took up a book and when Mrs. Engel came back she said : " That is the very book I have been longing to read for such a long time. Would you mind lending it to me ? "

" Well, you see I'd gladly lend it to you if you wanted to read it here. Only I don't like books to be taken out of my house." Thereupon Mrs. Baum suddenly noticed that it had grown terribly late, said good-bye and left.

A few days later Mrs. Engel called on Mrs. Baum. They were having a nice little chat, when Mrs. Engel suddenly remarked : " Oh, by the way, my dear, I wanted to ask you a little favour. You have such a wonderful cleaner, would you mind lending it to me one of these days ? "

" Certainly my dear," replied Mrs. Baum, " I'd gladly *lend* it, only I don't like my cleaner to be taken out of my house."

How to Make the Most of a Second-Hand Car

There are many motorists who would like to have the experience of a man whose story I heard the other day.

An officer on leave from India bought a second-hand car for forty pounds, used it for six months, and when his leave was over tried to sell it.

He went to various garages, but no one would offer him more than five pounds.

This he refused because he had spent money on the motor and on having the car thoroughly overhauled. In the end he decided not to bother about selling, but to use it up to the

zum Schluss mit seinen Koffern nach Dover hinunter zufahren.

Er ging in See und liess seinen Wagen am Hafen damit er allenfalls von der Polizei übernommen werde. Zur richtigen Zeit folgte ihm eine an seine England-Adresse gesandte Vorladung nach Indien.

Einen Monat später wurde dem Offizier von der Polizei eine zweite Mitteilung nachgeschickt, die ihm sagte, dass er mit fünf Pfund bestraft worden sei und dass man gezwungen gewesen sei, den Wagen zur Deckung des Betrages zu verkaufen.

Man schloss einen Scheck bei über fünfzig Pfund, den Restbetrag für den Verkauf nach Abzug der Strafsumme !

Witze

Sie sagte schmachtend, als sie vom Klavier zu ihm aufschaute : ,, Man sagt, dass Sie gute Musik vergöttern ! '' Und er antwortete : ,, Oh das macht nichts ; spielen Sie nur weiter.''

Chef (zur Stenotypistin) : ,, Unternehmen Sie etwas am Sonntag Abend, Fräulein Löwe ? ''
Fräulein Löwe (hoffnungsvoll) : ,, Nein, keineswegs.''
Chef : ,, Wollen Sie sich dann bitte bemühen, am Montag frühzeitig hier zu sein ? ''

,, Hast Du jemals überlegt, was du tätest, wenn du Rockefellers Einkommen hättest ? '' ,, Nein, aber ich habe oft wissen mögen, was Rockefeller tun würde, wenn er meines hätte.''

,, Hast Du gefunden, dass der Musikunterricht, den Du Deiner Tochter gabst, sich als gewinnbringende Anlage erwiesen hat ? '' ,, Ziemlich ! Ich kaufte die beiden benachbarten Häuser um ihren halben Wert ! ''

Ein anrüchiger Sammler zeigte eben seine alten Kunstgegenstände einem Manne, der ihn ziemlich gut kannte, und er sagte : ,, Ich denke ernstlich daran, alle diese wertvollen Seltenheiten zu veräussern. Wieviel glauben Sie, werde ich dafür bekommen ? '' ,, Ich kann es nicht genau sagen,'' antwortete der andere, ,, aber ich würde meinen, ungefähr drei Jahre.''

last moment, finally driving down to Dover with his bags in it.

He sailed off and left his car at the docks, to be taken charge of eventually by the police. In due course a summons sent to his English address followed him out to India.

A month later the officer was forwarded another communication from the police, telling him that he had been fined five pounds and that they had been obliged to sell the car to cover the amount.

They enclosed a cheque for fifty pounds, the balance from the sale after the fine had been deducted.

Jokes

Said she, languishingly, as she looked up at him from the piano. " They say that you adore good music." And he answered, " Oh, that doesn't matter ; go on ! "

Employer (to typist) : " Are you doing anything on Sunday evening, Miss Lion ? "
Miss Lion (hopefully) : " No, I'm not."
Employer : " Then will you please make an effort to get here early on Monday morning ? "

" Have you ever thought what you would do if you had Rockefeller's income ? " " No, but I've often wondered what Rockefeller would do if he had mine."

" Have you found that the musical education you gave your daughter has proved a profitable investment ? "
" Rather ! I bought the houses on either side of us for half their value ! "

The shady collector was showing his antiques to a man who knew him pretty well, and he said, " I have serious thoughts of disposing of all these valuable curios. How much do you think I shall get for them." " I can't quite say," replied the other, " but I should think about three years."

Gastgeberin : „ Herr Bart ist im Begriffe uns ein komisches Lied zu singen,"

Gast : „ Ich dachte es mir, als ich jenes Salzfass beim Mittagstisch umwarf, dass etwas Schreckliches geschehen werde ! "

Dichter : „ Ich beabsichtige, meine Verse unter dem Namen von Hans Schmidt zu veröffentlichen."

Aufrichtiger Freund : „ Nun, ich denke nicht, dass das ganz in Ordnung ist ! "

Dichter : „ Warum nicht ? "

Aufrichtiger Freund : „ Denke doch an die Tausende unschuldiger Männer, die in Verdacht geraten werden."

Ein Mann fragte den Herausgeber einer Provinzzeitung, wie er kranke Bienen behandeln solle.

„ Mit Respekt," war die Antwort.

Wissbegierige Dame : „ Finden Sie, es ist ein einträgliches Ding, eine Kuh zu halten ? "

Herr : „ O ja ; meine Kuh gibt ungefähr 8 Liter im Tag."

Dame : „ Und wieviel verkaufen Sie davon ? "

Herr : „ Ungefähr 12 Liter."

Eine alte Dame, die die Niagarafölle zum erstenmal sah, schrie plötzlich : „ Oh, das erinnert mich : ich habe den Badehahn zu Hause offen gelassen ! "

Ein kleines Mädchen, welches einen Hund hatte, der bellte und gleichzeitig mit seinem Schwanz wedelte, sagte : „ Ich glaube, er ist an einem Ende zornig und an dem anderen lustig."

„ Bitte, gnädige Frau," fragte der Strolch, „ haben Sie etwas Mittagessen für einen hungrigen Mann ? " „ Ja," schnauzte die Frau, „ und er wird um 12 Uhr zu Haus sein, um es zu essen."

Hostess : " Mr. Bart is going to sing us a comic song."
Guest : " I thought so when I upset that salt at the dinner table that something dreadful was going to happen."

Poet : " I intend to publish my verses under the name of John Smith."
Candid Friend : " Well, I don't think that's quite fair ! "
Poet : " Why not ? "
Candid Friend : " Just think of the thousands of innocent men who will be suspected."

A man asked the editor of a country newspaper how he should treat sick bees.
" With respect," was the reply.

Inquisitive Lady : " Do you find it a profitable thing to keep a cow ? "
Gentleman : " Oh, yes : my cow gives about eight quarts a day."
Lady : " And how much of that do you sell ? "
Gentleman : " About twelve quarts."

An old lady who was looking at Niagara Falls for the first time suddenly cried : " Oh, that reminds me : I left the bath tap running at home ! "

A little girl who had a dog that barked and wagged its tail at the same time, said she supposed that he was angry at one end and pleased at the other.

" Please, madam," asked the tramp, " have you any dinner for a hungry man ? " " Yes," snapped the woman, " and he will be home at twelve to eat it."

Wie kocht man Gemüse?

Wenn Gemüse gedankenlos gekocht wird, so geht viel von dem Nährwert verloren. Durch falsches Kochen wird Vitamin C leicht zerstört. Durch Weggiessen des Kochwassers werden wertvolle Mineral-Salze und Vitamine vergeudet. Darum, wenn Sie Gemüse kochen, beachten Sie folgende Regeln :

(1) Nehmen Sie alles so frisch wie nur möglich. Wenn Sie eigenes Gemüse haben, holen Sie es nicht, ehe Sie es tatsächlich brauchen.

(2) Waschen Sie das Gemüse gründlich, aber wenn möglich, vermeiden Sie, es zu weichen, und wässern Sie niemals zu lang. Eine halbe Stunde in kaltem Salzwasser genügt selbst für dichtgewachsenes Kraut.

(3) Scheuern Sie Wurzelgemüse oder schaben sie es oder, wenn hartschalig, schälen Sie sehr dünn. Entfernen Sie die dunklen äusseren Blätter des Krautes und verwenden Sie sie zerstückelt in Suppen und Brei. Werfen Sie sie nicht weg, denn sie enthalten mehr Vitamine und Mineralsalze als die zarteren inneren Blätter.

(4) Wurzelgemüse wird längs geschnitten und Grüngemüse gerieben. Zerbrechen Sie Blumenkohl in kleine Stücke. Auf diese Weise kocht er schneller.

(5) Zerweichen Sie Ihre Gemüse nicht. Sie gebrauchen nur gerade soviel Wasser, um das Anbrennen der Pfanne zu verhüten. Gewöhnlich genügt eine Tasse voll. Je weniger Wasser, desto weniger Salz ist nötig.

(6) Kochen Sie mit der Stürze auf der Pfanne. Wenn Sie keinen Deckel haben, so genügt ein Teller. Dieser Punkt ist sehr wichtig, denn Gemüse sollen ,, gedünstet '' werden, und wenn man den Dampf entweichen lässt, dann wird die Pfanne trocken und verbrennt.

(7) Man kocht 10–15 Min. scharf, indem man die Pfanne zeitweise schüttelt. Alte Wurzeln brauchen etwas länger.

How to Cook Vegetables

If vegetables are cooked carelessly much of their food value is lost. Their vitamin C—the fresh food vitamin—is easily destroyed by bad cooking. Throwing away the cooking water also wastes valuable mineral salts and vitamins.

So when you cook vegetables follow these rules :

(1) Use as fresh as possible. If you grow your own vegetables do not gather them until you actually need them.

(2) Wash the vegetables thoroughly, but avoid soaking them where possible and never soak for long. Half an hour in salted cold water is enough for even the most tight-hearted cabbage.

(3) Scrub root vegetables and scrape them, or if tough-skinned peel thinly. Remove the dark outer leaves of cabbage and use them shredded in soups or stews. Do not throw them away because they contain more of the vitamins and mineral salts than the more tender inner leaves.

(4) Slice root vegetables and shred the green ones. Break cauliflowers into sprigs. They cook more quickly this way.

(5) Never drown your vegetables. You need only just enough water to keep the pan from burning—usually a teacupful will do. As less water is used less salt is needed.

(6) Cook with the lid on the pan. If you have no lid a plate can be used. This point is important because the vegetables are to be " steam-boiled " and if the steam is allowed to escape, the pan will go dry and burn.

(7) Boil briskly for 10–15 minutes giving the pan an occasional shake. Old root vegetables may require longer.

(8)   Giessen Sie das Wasser ab und verwenden Sie es, um Suppen und Tunken zu machen oder verdicken Sie mit Mehl und verwenden Sie das als Sosse.

(9)   Servieren Sie sofort. Warm halten oder aufwärmen zerstört Vitamin C. Geben Sie vor dem Auftragen einen Löffel Margarine zu dem Gemüse (wenn sie es entbehren können) und schütteln Sie gut.

Wenn diese Ratschläge befolgt werden, dann wird das Gemüse frisch und wohlschmeckend sein. Was wichtiger ist, es wird den grössten Teil seiner Vitamine und Mineralsalze behalten.

Denken Sie daran, alle Wurzelgemüse können zugleich mit dem Braten gekocht werden. Zu Roter Rüben braucht man weder Fett noch Wasser; nur backen ohne Wasser.

Wie man Eierpulver verwendet

Gebrauchen Sie es genau so wie frische Eier, indem Sie es wie üblich schlagen, ehe Sie andere Zutaten hinzufügen; oder für einfache Kuchen, Puddinge, Mürbeteig usw, kann man die Eier trocken und mit anderen trockenen Zutaten zutun. Wenn man die Flüssigkeit zu der Mischung tut, müssen zwei weitere Esslöffel voll für jedes Trocken-Ei genommen werden; oder bei Kuchen-oder Pudding-Mischungen tut man das Ei-Pulver zu der Fett-Crême mit Zucker, wenn man flüssigen Teig hat.

Rühren Sie gut durcheinander, indem Sie nach und nach die nötige Menge Wasser der Ei-Masse beifügen.

Praktische Haushalt-Winke

Wie man Gas spart

Tatsächlich zahlen wir nicht so sehr für das Gas, das wir in der Küche verbrennen, als vielmehr für das vergeudete Gas. Bedenken Sie darum immer: Alles Feuer, das an den Seiten der Pfanne hochgeht, ist Geldverschwendung und Vergeudung. Die Flammen müssen niedrig gehalten werden, nur unter der Pfanne, wenn Sie den vollen Wert für Ihr Geld haben wollen und wenn Sie wollen, dass Ihre Gasrechnung niedrig bleibt.

(8) Drain off the liquid and use for making soups and gravies or thicken with flour and use as a sauce.

(9) Serve the vegetables at once. Keeping them hot, or reheating, will destroy the vitamin C. Before serving, if you can spare it, add a teaspoonful of margarine to the vegetables and toss well.

If these suggestions are followed the vegetables will be crisp and full of flavour. Most important, they will retain the greater part of their vitamins and mineral salts.

Remember that all root vegetables can also be baked round the joint or with fat. Beetroot does not need either fat or water ; just bake without peeling.

How to Use Dried Eggs

Use in recipes exactly as fresh eggs, beating as usual before adding to other ingredients ; or for plain cakes and puddings, batters, etc., the eggs can be added dry and mixed with the other dry ingredients. When adding the liquid to the mixture an additional 2 tablespoons per dried egg used must be allowed ; or for cake and pudding mixtures where the creaming method of mixing is used, add the eggs dry to the creamed fat and sugar. Beat well, gradually adding the amount of water required for reconstituting the eggs.

Practical Household Hints

Keeping down the Gas Bills

It is not so much the gas actually used in the kitchen that we pay for, but to a great extent the gas wasted. Therefore always keep in mind that nearly all the flame that flares up at the sides of a pan is a waste of money and an extravagance. The flames must be kept below the saucepan if you want to get the full value for your money and if you wish to keep down your gas bill.

Wie man fettige Teller und Schüsseln wäscht

Das Beste ist natürlich, sofort nach der Mahlzeit aufzuwaschen. Sind die Teller und Schüsseln sehr fettig, so rollen Sie etwas Zeitungspapier zusammen und wischen sie damit ab. Dann ist es leichter aufzuwaschen und Sie brauchen weniger heisses Wasser. Heben Sie das fettige Papier auf und trocknen Sie es. Es wird ein schwaches Feuer in ein helles verwandeln.

Reinigen von Zelluloid-Gegenständen

Wenn man gewöhnliche Metall-Politur nimmt, so kann man alle Zelluloid-Sachen und ähnliches Material sehr hübsch reinigen. Spülen Sie gut nach dem Polieren.

Wie man eine Steingut-Badewanne reinigt

Es gibt eine ganze Menge sandige Scheuerpulver auf dem Markte. Wenn Sie sie zum Reinigen der Badewanne verwenden, dann zerkratzen Sie die Oberfläche und der Schmutz bleibt haften wie zuvor. Die beste Methode ist, tauchen Sie einen Lappen in Paraffin und reinigen Sie damit. Ist aller Schmutz entfernt, dann spülen Sie mit warmem Wasser, und als letztes reiben Sie mit einem trockenen Tuche.

Wie man eine Badewanne neu streicht

Ist der alte Anstrich schäbig, so reinigen Sie die Wanne gründlich mit Paraffin und spülen Sie gut aus. Nach dem Trocknen übergehen Sie die Oberfläche mit Sandpapier und machen Sie sie vollkommen glatt. Wischen Sie den Staub, der durch das Abreiben entstanden ist, gut aus und tragen Sie zwei Anstriche mit weisser Emaille auf ; der erste dünn und ohne Glanz, der zweite mit Hochglanz. Lassen Sie ein paar Tage hart werden, dann füllen Sie bis zum Rande mit kaltem Wasser und lassen Sie einen ganzen Tag stehen. Sehen Sie nach, dass vor dem Anstreichen die Wasserhähne nicht tropfen, und tragen Sie die Emaille sparsam auf.

Wie man Gips zubereitet

Gips ist nützlich zum Ausfüllen von Rissen in Mauern, Decken, Mäuselöchern usw. Mischen Sie ihn mit gerade soviel Wasser als man für eine feuchte Paste braucht. Für 50 Pfennige kann man viel machen. Was übrig bleibt, heben Sie in einer luftdichten Blechbüchse auf. Normalerweise

How to Wash Greasy Plates and Dishes

Best thing of course is to wash up immediately after the meal. If the plates and dishes are very greasy screw up some newspaper and wipe them with it. Then it is much easier to wash and you need less hot water. Keep and dry the greasy paper. It will turn a dull fire into a bright one.

Cleaning Celluloid Articles

One can clean beautifully all celluloid articles and those made of a similar material if one uses ordinary metal polish. Rinse them well after the polishing.

Cleaning a Porcelain Bath

There are any amount of gritty scouring powders on the market. If you use them for cleaning your bath you will scratch the surface and the dirt will stick to it as before. The best method is to dip a rag in paraffin and do the cleaning with it. When all the dirt is removed rinse with warm water and finish off with a soft cloth.

Making Painted Baths New Again

If the old paint is shabby, clean the bath thoroughly with paraffin and rinse out well. On drying, go over the surface with glasspaper and make it perfectly smooth. Mop out the powder formed by the rubbing and give two coats of white enamel ; the first being flat and without gloss, the second with a good glaze. Leave for a few days to harden, then fill up to the top with cold water and allow to stand all day. Before doing the painting, see that the taps do not drip and brush on the enamel sparingly.

Making up Plaster of Paris

This is useful for filling cracks in walls, ceilings, mouse holes, etc. Mix it with just enough water to make a wet paste. Sixpennyworth will do many jobs. Keep what is left over in an airtight tin. Normally, the plaster sets more

7*

wird der Gips schneller fest, als er verarbeitet werden kann. Aber wenn man ihn mit Essig und Wasser zu gleichen Teilen mischt, dann wird er langsamer hart, ist aber ebenso tauglich. Feuchten Sie die Teile an, auf die der Gips kommt.

Das Braten von Würsten

Wenn man Würste in Mehl wälzt, ehe sie in die Bratpfanne gelegt werden, dann werden sie nicht so leicht platzen, sie werden knuspriger, hübscher aussehen und schmackhafter sein.

Ist es guter Kaffee ?

Wenn Sie Kaffee kaufen, dann können Sie immer sagen, ob er rein ist oder nicht. Tun Sie einen Löffel voll in ein Glas kaltes Wasser. Nach fünf Minuten wird das Wasser kaum seine Farbe verändert haben, wenn der Kaffee gut ist ; ist es aber minderwertige Ware, dann wird das Wasser braun geworden sein.

Winke zur Salat-Bereitung

(1) Wenn man Salat macht, soll man die Blätter so wenig wie möglich berühren. Verwenden Sie sie sofort nach dem Schneiden oder Einkaufen. Wenn das nicht angängig ist, dann tut ein Kochtopf mit gut passendem Deckel auf den kühlen Fussboden gesetzt sehr gute Dienste, um den Salat frisch zu halten.

(2) Waschen Sie die Blätter sorgfältig kurz vor dem Auftragen, schütten Sie das Wasser vorsichtig ab, und trocknen Sie in einem sauberen Tuch oder in einem Drahtkorbe, wenn Sie einen haben. Aussenblätter sollen für Suppen aufgehoben werden.

(3) Grünes Gemüse zerstückele man mit einem scharfen Messer. Petersilie muss grob gewiegt werden.

(4) Wurzelgemüse wie, z.B., Möhren, müssen gewaschen und leicht geschabt werden, dann zerstückelt oder gerieben. Gekocht können sie gewiegt oder längs geschnitten werden, wenn kalt. Die dicken Schalen von Kohl-oder Weissrüben müssen mit dem Messer entfernt werden.

quickly than you can conveniently use it ; but if mixed with vinegar and water in equal quantities, it will set much more slowly and be just as efficient. Always wet the parts that are to take the plaster.

Frying Sausages

If sausages are dipped in flour before they are placed in the frying pan they are less likely to burst ; they will look crisper and nicer, and they will be more tasty.

Is the Coffee Good ?

When buying coffee you can always tell whether it is pure or not. Put a spoonful in a glass of cold water. In about five minutes the water will hardly have changed colour, if the coffee is good ; but if it is poor stuff the water will have turned brown.

Tips for the Salad Maker

(1) When making salads, touch the leaves as little as possible. Use directly after picking or buying. If this is not convenient a saucepan with a well-fitting lid placed on a cool floor is excellent for keeping salad vegetables crisp.

(2) Just before serving, wash the leaves carefully, shake off the water gently and dry in a clean cloth or in a wire salad basket if you have one. Outside leaves should be saved for soup.

(3) Shred raw green vegetables with a sharp knife. Parsley should be coarsely chopped.

(4) Root vegetables, such as carrots, should be washed and scraped lightly, then shredded or grated. Alternatively, they may be cooked and chopped or sliced when cold. Potatoes should be used cooked and cold. The thick skins of turnips and swedes should be removed by peeling.

(5) Beachten Sie, dass Salat gut gewürzt ist. Verwenden Sie grüne Küchenkräuter, Lauch, Zwiebeln, Sellerie, Kressenblätter und Mayonnaise.

(6) Fügen Sie Farbe hinzu, verwenden Sie rohe geriebene Möhren, Rote Rübe, Rübe, ganze oder zerschnittene Tomaten, Rettige oder hartgekochte Eier.

(7) Tischen Sie so bald als möglich nach der Zubereitung auf.

(8) Wenn der Salat als Hauptmahlzeit serviert wird oder als das einzige Grüne, so geben Sie wenigstens eine oder zwei Tassen voll von rohen Gemüsen für jede Person, wenigstens die Hälfte davon sollte Grünes sein.

———

(5) Be sure the salad is well flavoured. Use green herbs, chives, spring onions, celery, nasturtium leaves and salad dressing.

(6) Add colour to the salad by using raw, grated carrots, beetroot, swede, whole or sliced tomato, radishes or hard boiled eggs.

(7) Serve as soon as possible after preparation.

(8) If a salad is served as a main meal or as the only green vegetables, provide at least one to two breakfastcups of raw vegetables per person, at least half of this should be green vegetables.

GERMAN PROSE

Der alte Sultan

Es hatte ein Bauer einen treuen Hund, der Sultan hiess ; der war alt geworden und hatte alle Zähne verloren, so dass er nichts mehr fest packen konnte. Zu einer Zeit stand der Bauer mit seiner Frau vor der Haustür und sprach : ,, Den alten Sultan schiess' ich morgen tot, der ist zu nichts mehr nütze." Die Frau, die Mitleid mit dem treuen Tiere hatte, antwortete : ,, Da er uns so lange Jahre gedient hat und ehrlich bei uns gehalten, so könnten wir ihm wohl das Gnadenbrot geben."—,, Ei was," sagte der Mann, ,, du bist nicht recht gescheit ! Er hat keinen Zahn mehr im Maul, und kein Dieb fürchtet sich vor ihm, er kann jetzt abgehen ! Hat er uns gedient, so hat er sein gutes Fressen dafür gekriegt."

Der arme Hund, der nicht weit davon in der Sonne ausgestreckt lag, hatte alles mit angehört und war traurig, dass morgen sein letzter Tag sein sollte. Er hatte einen guten Freund, das war der Wolf ; zu dem schlich er abends hinaus in den Wald und klagte über das Schicksal, das ihm bevorstand. ,, Höre, Gevatter," sagte der Wolf, ,, sei guten Mutes, ich will dir aus deiner Not helfen ! Morgen in aller Frühe geht dein Herr mit seiner Frau ins Heu, und sie nehmen ihr kleines Kind mit, weil niemand im Hause zurückbleibt. Sie pflegen, das Kind während der Arbeit hinter die Hecke in den Schatten zu legen. Lege dich daneben, gleich als wolltest du es bewachen ! Ich will dann aus dem Wald herauskommen und das Kind rauben ; du musst mir eifrig nachspringen, als wolltest du es mir wieder abjagen. Ich lasse es fallen, und du bringst es den Eltern wieder zurück ; die glauben dann, du hättest es gerettet, und sind viel zu dankbar, als dass sie dir ein Leid antun sollten ; im Gegenteil, du kommst in völlige Gnade, und sie werden es dir an nichts mehr fehlen lassen."

Der Anschlag gefiel dem Hund, und wie er ausgedacht war, so ward er auch ausgeführt. Der Vater schrie, als er den Wolf mit seinem Kinde durchs Feld laufen sah ; als es aber der alte Sultan zurückbrachte, da war er froh, streichelte ihn und sagte : ,, Dir soll kein Härchen gekrümmt werden, du sollst das Gnadenbrot essen, solange du lebst ! "

Zu seiner Frau aber sprach er : ,, Geh gleich heim und koche
dem alten Sultan einen Weckbrei, den braucht er nicht zu
beissen, und bring das Kopfkissen aus meinem Bette, das
schenk' ich ihm zu seinem Lager ! " Von nun an hatte es der
alte Sultan so gut, wie er sich's nur wünschen konnte.

Bald hernach besuchte ihn der Wolf und freute sich, dass
alles so wohl gelungen war. ,, Aber, Gevatter," sagte er,
,, du wirst doch ein Auge zudrücken, wenn ich bei Gele-
genheit deinem Herrn ein fettes Schaf weghole. Es wird
einem heutzutage schwer, sich durchzuschlagen."—,, Darauf
rechne nicht," antwortete der Hund, ,, meinem Herrn
bleibe ich treu ; das darf ich nicht zugeben ! " Der Wolf
meinte, das wäre nicht im Ernst gesprochen, kam in der
Nacht herangeschlichen und wollte sich das Schaf holen.
Aber der Bauer, dem der treue Sultan das Vorhaben des
Wolfes verraten hatte, passte ihm auf und kämmte ihm mit
dem Dreschflegel garstig die Haare.

Der Wolf musste ausreissen, schrie aber dem Hund zu :
,, Wart, du schlechter Geselle, dafür sollst du büssen ! "
Am anderen Morgen schickte der Wolf das Schwein und
liess den Hund hinaus in den Wald fordern, da wollten sie
ihre Sache ausmachen. Der alte Sultan konnte keinen
Beistand finden als eine Katze, die nur drei Beine hatte,
und als sie zusammen hinausgingen, humpelte die arme
Katze daher und streckte zugleich vor Schmerz den Schwanz
in die Höhe. Der Wolf und sein Beistand waren schon an
Ort und Stelle ; als sie aber ihren Gegner daherkommen
sahen, meinten sie, er führe einen Säbel mit sich, weil sie den
aufgerichteten Schwanz der Katze dafür ansahen. Und wenn
das arme Tier so auf drei Beinen hupfte, dachten sie nicht
anders, als es höbe jedesmal einen Stein auf und wollte
damit werfen. Da ward ihnen beiden angst : das wilde
Schwein verkroch sich ins Laub, und der Wolf sprang auf
einen Baum. Der Hund und die Katze, als sie herankamen,
wunderten sich, dass sich niemand sehen liess. Das wilde
Schwein aber hatte sich im Laub nicht ganz verstecken
können, sondern die Ohren ragten noch heraus. Während
die Katze sich bedächtig umschaute, zwinkte das Schwein
mit den Ohren ; die Katze die meinte, es rege sich eine
Maus, sprang darauf zu und biss herzhaft hinein. Da erhob
sich das Schwein mit grossem Geschrei, lief weg und rief :
,, Dort auf dem Baum, da sitzt der Schuldige ! Der Hund und
die Katze schauten hinauf und erblickten den Wolf ; der

schämte sich, dass er sich so furchtsam gezeigt hatte, und
nahm von dem Hund den Frieden an.

Brüder Grimm.

Der Rattenfänger zu Hameln

1. Im Jahre 1284 liess sich zu Hameln ein wunderlicher
Mann sehen. Er hatte einen Rock von vielfarbigem, buntem
Tuch an, weshalb er Bundting soll geheissen haben. Der gab
sich für einen Rattenfänger aus und versprach, gegen eine
gewisse Geldsumme die Stadt von allen Mäusen und Ratten
zu befreien. Die Bürger wurden mit ihm einig und versicher-
ten ihm einen bestimmten Lohn. Der Rattenfänger zog
danach ein Pfeifchen heraus und pfiff; da kamen alsobald
die Ratten und Mäuse aus allen Häusern hervorgekrochen
und sammelten sich um ihn herum. Als er nun meinte, es
wäre keine zurück, ging er hinaus, und der ganze Haufe
folgte ihm, und so führte er sie an die Weser ; dort schürzte
er seine Kleider und trat in das Wasser, worauf ihm alle die
Tiere folgten und hineinstürzend ertranken.

2. Nachdem die Bürger aber von ihrer Plage befreit
waren, reute sie der versprochene Lohn, und sie verweigerten
ihn dem Manne unter allerlei Ausflüchten, so dass er zornig
und erbittert wegging. Am 26. Juni, auf Johannis und Pauli-
Tag, morgens früh sieben Uhr erschien er wieder, jetzt in
Gestalt eines Jägers erschrecklichen Angesichts mit einem
roten, wunderlichen Hut und liess seine Pfeife in den
Gassen hören. Alsbald kamen diesmal nicht Ratten und
Mäuse, sondern Kinder, Knaben und Mägdlein vom vierten
Jahre an, in grosser Anzahl gelaufen, worunter auch die
schon erwachsene Tochter des Bürgermeisters war. Der
ganze Schwarm folgte ihm nach, und er führte sie hinaus in
einen Berg, wo er mit ihnen verschwand. Dies hatte ein
Kindermädchen gesehen, das mit einem Kinde auf dem
Arm von ferne nachgezogen war, danach umkehrte und
das Gerücht in die Stadt brachte. Die Eltern liefen haufen-
weis vor alle Tore und suchten mit betrübten Herzen ihre
Kinder ; die Mütter erhoben ein jämmerliches Schreien
und Weinen. Von Stund' an wurden Boten zu Wasser und
zu Land an alle Orte herumgeschickt, zu erkundigen, ob man
die Kinder oder auch nur einige gesehen, aber alles vergeblich.
Es waren im ganzen hundertunddreissig verloren. Zwei

sollen, wie einige sagen, sich verspätet haben und zarück-
gekommen sein; das eine von ihnen aber, sei blind, das
andere stumm gewesen, also dass das blinde den Ort nicht
habe zeigen, aber wohl erzählen können, wie sie dem Spielmann
gefolgt wären ; das stumme aber habe den Ort gewiesen,
ob es gleich nichts gehört habe. Ein Knäblein war im Hemd
mitgelaufen und kehrte um, seinen Rock zu holen, wodurch
es dem Unglück entging ; denn als es zurückkam, waren die
andern schon in der Grube eines Hügels, die noch gezeigt
wird, verschwunden.

Der kleine Friedensbote

1. Ein Gerber und ein Bäcker waren einmal Nachbarn,
und die gelbe und die weisse Schürze vertrugen sich aufs
beste. Wenn dem Gerber ein Kind geboren wurde, hob es
der Bäcker aus der Taufe. Wenn der Bäcker in seinem Obst-
garten an Stelle eines ausgedienten Invaliden eines Rekruten
bedurfte, ging der Gerber in seine Baumschule und hob das
schönste Bäumchen aus, das er darin hatte, eine Pflaume oder
einen Apfel oder eine Birne oder eine Kirsche, je nachdem es
auf fetten oder mageren Platz gestellt werden sollte. Zu
Ostern, zu Martini und am Heiligen Abend kam die Bäckerin,
die keine Kinder hatte, immer mit einem grossem Korbe
zu den Nachbarsleuten hinüber und teilte unter die kleinen
Paten aus, was ihr der Hase oder der gute Märtel oder gar
das Christkindlein selbst unter das schneeweisse Tüchlein
gelegt hatte. Je mehr sich die Kindlein über die reichen
Spenden freuten, desto näher rückten sich die Herzen der
beiden Frauen.

2. Aber ihre Männer hatten jeder einen Hund, der Gerber
als Jagdliebhaber einen grossen, braunen ,, Feldmann "
und der Bäcker einen kleinen, schneeweissen ,, Mordax."
Beide meinten, die besten und schönsten Tiere in ihrem
Geschlechte zu haben. Da geschah es eines Tages, dass der
Mordax ein Kalbsknöchlein gegen den Feldmann verteidigte.
Vom Knurren kam es zum Beissen, und ehe sich der Bäcker
von seiner grünen Bank vor dem Hause erheben konnte,
lag sein Hündlein mit zermalmtem Genick vor ihm, und
der Feldmann lief mit dem eroberten Knochen und mit
eingezogenem Schweife davon.

Sehr ergimmt und entrüstet warf der Herr des Ermordeten

dem Raubmörder einen gewaltigen Stein nach. Aber was half's ? Die Handgranate flog nicht dem Hund an den Kopf, sondern dessen Besitzer durch das Fenster in die Stube. Ohne zu fragen, woher der Schuss gekommen sei, riss der Gerber den zertrümmerten Fensterflügel auf und fing an zu schimpfen. Der Nachbar mit der weissen Schürze blieb nichts schuldig ; ein Wort gab das andere, und aus Freunden wurden Feinde.

Der Bäcker verliess den Kampfplatz zuerst, aber nur, um seinen Nachbarn bei Gericht zu belangen. Die Sonne ging über dem Zorne der beiden Männer unter, und den Tag darauf wurden sie vor Gericht geladen. Der Gerber wurde verurteilt, den totgebissenen Mordax mit einem Reichstaler zu büssen. Der Bäcker musste für den zertrümmerten Fensterflügel nicht viel weniger bezahlen und sich mit seinem Widerpart in die aufgelaufenen Gerichtskosten teilen.

Von nun an war zwischen den beiden Familien eine grosse Kluft. Hinüber und herüber flog kein freundliches Wort mehr. Ging die Gerberin ihren Weg links zur Kirche, so nahm die Nachbarin ihren Weg rechts. Sass der Bäcker im Posthaus in der Stube beim Bier, so nahm der Gerber seinen Platz im Nebenzimmer. Für die Kinder des Gerbers gab weder der Osterhase noch der gute Martel noch das Christkind durch die Frau Patin mehr etwas ab.

3. So ging es fast drei Jahre. Einmal, am Ende des dritten, setzten sich der Gerber und seine Hausfrau nachmittags an den Tisch, um ihren Kaffee zu trinken. Aber als die Gerberin die Tischlade herauszog, war kein Wecken zum Einbrocken darin. Ihr kleiner Helm, der neben ihr auf den Zehen stand und auch hineinschaute, rief sogleich : ,, Mutter, einen Groschen, ich hole das Brot' '' Dann sagte er zum Vater : ,, Heute aber laufe ich nicht lange herum. Wenn es beim Torbäcker kein Brot gibt, gehe ich wieder einmal zu dem Herrn Paten hinüber. Der Gerber sagte nicht ja und nicht nein darauf und liess den Knaben ziehen. Im ersten Brotladen hatten aber die Wecken schon alle ihre Käufer gefundens und Helm kam wieder zum Tore hinein, laut singend, dass es die ganze Gasse hören konnte :'' Heut geh ich zum Herrn Paten , Heut geh ich zum Herrn Paten.' Ungehalten über den argen Schreihals wollte der Vater ihm wehren. Aber ehe er noch das verquollene Fenster aufbringen konnte, war der kleine Sänger schon zum Tempel hinein und kehrte nach einigen Augenblicken—als Friedensbote wieder zurück.

Statt des Ölzweiges hatte er einen geschenkten Eierring in der Hand und rief, über die Schwelle in die Stube herein-stolpernd : ,, Der Herr Pate lässt Vater und Mutter recht schon grüssen, und ich soll bald wiederkommen."

Noch an dem nämlichen Abend wechselten die Nachbars-leute einige freundliche Worte über die Gasse ; am folgenden sassen die weisse und die gelbe Schürze wieder auf der grünen Bank beisammen ; am dritten zeigten die Frauen einander die Leinwand, zu der sie in den bösen drei Jahren oft mit ihren Tränen über den unseligen Zwist der Männer den Faden genetzt hatten.

Und es war hohe Zeit, dass der Herr den Friedensboten erweckt hatte ; denn einige Wochen darauf verfiel der Bäcker unerwartet schnell in ein Nervenfieber und aus diesem nach wenigen lichten Augenblicken in den Todes-schlummer.

Karl Stöber.

Der Rhein

Der Rhein vereinigt alles, was einem Flusse Wert gibt. Er ist ein Strom, der in ein Meer mit Ebbe und Flut mündet, sein Lauf geht von Süd nach Nord ohne erhebliche Krüm-mungen und wird nur durch eine einzige Stromschnelle weitab von der Mündung unterbrochen. Seine grosse Bedeu-tung erhellt auch aus der Tatsache der vielen Siedlungen an seinen Ufern. Er ist der städtereichste Fluss der Welt. Da liegen unmittelbar an seinen schönen Ufern : Konstanz, Basel, Speyer, Mannheim, Worms, Mainz, Koblenz, Bonn, Köln, u.a.

Mit dem greifbaren Nutzen, den der Rhein bringt als eine treffliche Verkehrsstrasse für ganz Westdeutschland, streitet die Schönheit des Stromes und seiner Umgebung um den Preis. Die klare, grüne Flut, vielfach bedeckt von Kähnen und Schiffen, umkränzt von Rebenhügeln, schön bewaldeten Berghöhen mit Schlössern und Burgen, umgeben von vielen freundlichen Dörfern und reichen Städten mit hochragenden Zinnen und Domen, dazu die Fülle von Sagen und geschicht-lichen Begebenheiten, die sich an diese Orte knüpfen, üben sozusagen einen Zauber aus auf alle, die für die Reize der Natur und die Kunde der Vorzeit empfänglich sind.

Da ist fast keine Stelle, an der nicht die Sage weilte. Von

grossen Königen und tapferen Helden, von holden Jung-
frauen und schrecklichen Drachen, von guten und bösen
Geistern weiss ihr Mund zu melden, und Berg und Tal,
Burgen und Kirchen, Städte und Dörfer in ihre Dichtung
zu verweben. Wo der Strom das Bergland durchbricht und
in das Flachland tritt, steht als Grenzstein das Siebengebirge, in einer Gegend, die noch einmal alle Reize in sich
vereinigt, die der herrliche Strom von Mainz bis Bonn in so
reicher Fülle zeigt. Dort, wo der Drachenfels ragt, war es,
wo Siegfried den Drachen erschlug. Gegenüber, am linken
Ufer, erblickt man Rolandseck, wo der gefeierte Held Roland
um Hildegunde trauerte, die, während er totgesagt wurde,
in dem Kloster Nonnenwert der Welt entsagt hatte, um nur
dem Himmel zu leben. Zu Worms glänzte der kühne Siegfried
mit den Nibelungen am Hofe der Burgunder in allen ritter-
lichen Taten, bis er auf der Jagd meuchlerisch erschlagen
wurde. Der Schatz der Nibelungen wurde in den Rhein
versenkt, und sein Goldgehalt drang in das Rebenblut, das
nun an seinen Ufern wächst. Wer kennt nicht die Sagen vom
Mäuseturm bei Bingen und von der Lorelei mit dem goldenen
Haar ? Auch Karls des Grossen Heldengestalt finden wir an
vielen Orten des Rheinlandes ; in Ingelheim hatte er
seinen Palast, in Rüdesheim, in Frankfurt, Köln, Aachen
weilte er gern.

In alter und neuer Zeit ist viel am Rhein geschehen.
Er sah Julius Cäsar, Gustav Adolf von Schweden, Napoleon
und Marschall Blücher. Von den römischen Kolonien am
Rhein breitete sich das Christentum und höhere Bildung aus,
und die Geschicke Deutschlands wurden oftmals an seinen
Ufern entschieden.

Gegen 300 Gletscher senden ihm aus den Felsgalerien
der Wolken und Stürme, des Eises und Schnees ihre vollen,
tosenden Gewässer zu. Später, in einem Bette vereinigt,
eilen sie den tieferen Tälern der Alpen zu.

Eine der merkwürdigsten Stellen am Hinter-Rhein ist
die Via Mala, durch die südwarts der Weg zu den Alpen-
strassen des Splügen und Bernhardin führt. Es ist eines
der grossartigsten Naturschauspiele in den Alpen, von
wahrhaft erschütternden Eindrücken. Grauenhaft verengt
sich eine acht Meter breite Strasse. Zu beiden Seiten steigen
schwarzgraue Schieferwände auf, und zwar bis über 300 m.
Die Strasse führt über drei Brücken, deren mittlere fast 120 m
über dem Flusse schwebt, und unten schäumt der hellgrüne

Rhein. Der tiefgelegene Bodensee ist 52 km lang und 14 km breit, mit Städten reich bekränzt. Der Rhein durchfliesst ihn und bildet bei Schaffhausen den berühmten Wasserfall. Von seinen Quellen bis Basel heisst er Hochrhein, von da bis Mainz Oberrhein, alsdann bis Bonn Mittelrhein, weiter abwärts Niederrhein.

Östlich vom Oberrhein erhebt sich der Schwarzwald mit seiner Fortsetzung, dem Odenwalde, westlich ziehen sich die Vogesen hin. Die Gebirgslücken und die vielen schiffbaren Flüsse, die in den Rhein münden, vorzüglich Neckar und Main, sind die natürlichen Strassen, die aus der fruchtbaren Rheinebene und ihren zahlreichen Städten in das Innere der angrenzenden Landgebiete führen. Und so ergibt sich auf dem schönen Strome und in seinem Tale ein äusserst lebhafter Verkehr von Menschen aller Stände. Dampfschiffe, Flösse, Nachen fahren und kreuzen beständig auf ihm, Eisenbahnen ziehen sich an beiden Ufern hin, und ein buntes Leben entwickelt sich in seiner Nähe von Basel bis zu se ner Mündung.

Am Fusse der nahen Berge wechseln Weinberge und Obstgärten in üppiger Fülle, während weiter oben alte Burgen, mit Efeu und wildem Wein umkränzt, in die Ebene schauen. Nachdem der Rhein den Hunsrück und Taunus durchbrochen hat, rauscht er, zwichen engen Felswänden eingeklemmt, bis zum Siebengebirge. Von da begleiten ihn Berge nur noch zur rechten Seite bis zur Mündung der Ruhr. Jene Strecke von Mainz bis Bonn wird am meisten gepriesen. Hier haben die Berge herrliche Formen, die Rebe klettert zu den gefährlichsten Stellen der Felsen hinan; hohe Walnussbäume wachsen hier, alle Arten von Obstbäumen bezaubern im Frühling durch eine unvergleichliche Blütenpracht und schütten im Herbst ihren Segen aus; Städte und Felsenschlösser, mächtige Burgruinen und herrliche Klöster, Kirchen und Landhäuser zieren die Ufer.

Wo wäre ein Strom, der eine Schweiz an seinen Quellen, ein Holland an seiner Mündung hätte? Haben andere grössere Wasserfülle und Breite, so hat der Rhein klare, immer volle Fluten und gerade die rechte Breite, hinreichend für Floss und Schiff und allen Verkehr, und doch nicht so gross, dass sie beide Ufer schiede, dass nicht der laute Ruf hinüberschallte. Von jeher war der Name dieses Flusses ein süsser Klang in jedem deutschen Ohre. Der Rhein ist uns ein heiliger Strom, und seine Ufer sind die wahre Heimat der

Deutschen, der ehrwürdige Herd aller deutschen Kultur. Religion, Recht, Kunst und Sitte haben sich in alter Zeit von hier aus über alle Gaue unseres Vaterlandes verbreitet.

Nach Grub.

Am Heerwege der Ameisen

Die Sonne brennt heiss. Wiederholt habe ich die Hacke zur Hand genommen, wiederholt sie fallen gelassen. Ich bin müde.

Jetzt sitze ich, den Kopf in die Hand gestützt, unter der Eiche.

In einer tiefen Furche ihrer Rinde führt ein alter, fast möchte ich sagen geschichtlicher Ameisenweg zur Höhe hinauf. Sommer für Sommer, Tag und Nacht in nie zerbrochener Folge ziehen dort fleissige Scharen auf und nieder. Sie haben oben viel zu holen. Sie haben unten viel zu bergen

Plötzlich fällt mein Blick auf ein Tierchen, das eine ungewöhnlich grosse Last trägt. Soeben ist es damit ins Stürzen gekommen. Rücklings, kopfüber hängt es nur noch mit zwei Füssen an der Borke. Mit den anderen versucht es vergeblich, wieder Halt zu gewinnen. Gleichwohl lässt es, zähe bis zum Äussersten, seine schwere Bürde nicht fallen.

Zahlreiche Ameisen laufen scheinbar gleichgültig, auf jeden Fall überaus geschäftig vorüber. Wird keine zu Hilfe kommen ? Jetzt rennt eine schnurstracks auf die gefährdete Genossin zu. Unmittelbar vor ihr macht sie halt. Ihre Fühler streichen über den Körper der anderen. Dann wendet sie sich ab und geht rücksichtslos ihren Weg weiter den Stamm hinab. Merkwürdig ! Von oben her kommt ein starker Trupp. Alle sind belastet. Keine Hilfe.

Hilfe ! Neue Scharen hasten vorbei, ganz in der Nähe. Sie haben keine Zeit, keinen Blick, kein Mitleid. Das Gleichnis vom Samariter kommt mir in den Sinn : „ Ein Priester ging vorüber, desselbigengleichen auch ein Levit." Meine Augen gleiten den Stamm hinauf, hinab. Ich habe Lust selbst einzugreifen. Doch könnte ich eher verletzen als helfen. Auch will ich lieber abwarten und sehen, was wird.—Und da ! Was ist das ? In Eile auf nächstem Wege nahen von unten her die Heerstrasse entlang fünf ungewöhnlich grosse Tiere. Was ihnen in den Weg kommt, weicht scheu zur Seite oder wird überrannt. Die fünf wissen sichtlich, was sie wollen. Aber wer hat sie verständigt, wer beauftragt ?

Richtig, jetzt fassen sie mit starken Griffen die Last der Bedrängten. Jetzt heben und helfen sie ihr zurecht und gemeinsam geht es talabwärts.

Es gibt doch keine Königin unten im Haufen. Und wenn es eine gäbe, ihre kleinen Fähigkeiten könnten doch unmöglich diesen Tausendschaften ihre Aufgaben zuteilen. Das bekäme ja kaum ein Mensch fertig in einem solch verwikkelten Betriebe, mit solch kurzlebigen Arbeitern solche Ordnung zu halten. Aber eine einheitliche Regierung, die den einen die unentwegte Arbeit drinnen und draussen, nah und fern zuschreibt, die anderen als Wärter für das kommende Geschlecht beschäftigt, dritten die Vorratskammern unterstellt, vierte, fünfte, sechste als Posten, Rettungswache, Botinnen zur Verfügung hat, jeden aber genau nach seinen Kräften ausnutzt, muss es trotzdem geben. Wo aber ist ihr Sitz? Offenbar in keinem dieser unzählbaren Tierchen. Also ausserhalb!

Kürzlich hat mir ein befreundeter Naturforscher wieder einmal bewiesen, dass man auch im Menschen nirgends eine herrschende Kraftstelle entdecken kann. So etwas geschieht Unsereinem gegenüber stets mit einer gewissen lächelnden, behäbigen Ausführlichkeit. Obwohl ich von jeher der gleichen Meinung bin und von vornherein zustimmte, wurde mir also wieder einmal klargemacht, dass unser Geist, unsere Seele, unser inwendiges Leben, oder wie man es sonst nennen will, weder im Kopfe, noch im Herzen, noch im Rückenmarke, noch in irgendeinem Gliede oder in einer Drüse sitzt. Trotz genauester Kenntnis unseres Körpers, trotz peinlichster Sezierungen—niemand weiss die Stelle, niemand wird sie je wissen. Sie ist überall und nirgends.

Wie, so zuckt es plötzlich durch meinen Sinn, wenn es beim Ameisenhaufen das gleiche wäre! Bei ihm, wie bei uns ein unsichtbarer, nie festzulegender, räumlich nicht gebannter Regierungssitz, der in sich genau so viel gebietenden Willen vereint, als es für den Zusammenhalt des grossen Ganzen nötig ist. Bei ihm, wie bei uns Glieder, die eine gewisse Selbständigkeit haben, ja manche Bewegungen und Aufgaben eigentätig, mitunter sogar ohne Wissen der Zentrale ausführen können. Nur sind die Glieder beim Menschen durch Nerven und Muskeln verbunden und von einer gemeinsamen Haut überspannt, beim Ameisenhaufen aber voneinander geschieden.—Dann wäre also das Gewirre am Fusse meiner Eiche gewissermassen als ein Organismus

anzusprechen, so ordnungslos er meinem Auge auch erscheint.
Einen Körper mit vielen voneinander getrennten Gliedmassen darf ich es nennen.

Beim Bienenstock ist es natürlich das gleiche. Die Imker
nennen ihn ja auch in richtiger Ahnung : ,, Den Bien ! "
Sie wissen, dass seine ,, Königin " nur Mutter, nicht Herrin
ist. Sie erzählen, dass ein einzelnes verirrtes Tier, sobald es
merkt, dass es zum Stock nicht mehr zurückfindet, abstirbt.
Die Gemeinsamkeit ist sein Leben. Auf sich allein gestellt,
hat es keine Kraft mehr, genau wie ein Menschenarm, der
vom Leibe abgetrennt wurde, wie ein elektrischer Wagen,
dem die Füllung ausging.——

Und vielleicht—alle meine Müdigkeit ist verschwunden
und es ist mir, als ob der Eichbaum über mir sich hebe und
weite—vielleicht ist es ähnlich mit einer Volksseele, mit der
grossen Seele der ganzen Menschheit. Auch sie ist eine
Einheit, die Glieder sind wir. Der Individualismus, der mich
und andere nur als Einzelwesen erfasst, ist eine Unmöhlich-
keit. Überlieferung, Erziehung, Umgang, tausend bewusste
und unbewusste Einflüsse binden uns zusammen. Gemein-
same Gedankengänge und Erfindungen, ganze Wogen und
Ströme eines neuen Denkens verraten, überraschend hier,
dort, überall hervorbrechend, wie sehr wir zusammengehören.
Der Einzelmensch, auch der selbständigste, verkommt geistig
und körperlich, wenn er auf sich angewiesen bleibt. Man
beachte bloss einmal, wie sehr sich die Leute ähneln, die
einer gemeinsamen Epoche, etwa der Barockzeit oder der
Antike angehören. Man kann sie kaum auseinanderhalten.
Bei unseren Zeitgenossen fällt uns das nicht so auf. Natürlich ! Aber eine Zukunft wird wieder Augen auch fur unsere
Ähnlichkeit haben.

Und, vielleicht—und nun, du Eichbaum, wachse, wachse in
die Unendlichkeit—vielleicht ist Gott der eine Geist, der
Milliarden von Gliedern, die alle durch ungeheure Weiten
voneinander getrennt sind, gewissermassen als seinen einen
Leib zusammenbindet. Auch sein Sitz ist darin überall und
nirgends. Aber Weltkörper sind seine Gliedmassen, ihre
Wege sein Zucken, ihre Gesetze sein Wille, ihr Leuchten
sein Lächeln, ihre Sonnenweiten seine Unermesslichkeit,
ihre Unzählbarkeit seine Unendlichkeit, ihre inneren Kräfte
sein Wesen, welches sie alle durchherrscht !——

Ich sitze noch immer unter meiner Eiche. Doch meine
Hände sind gefaltet.   E. F. Klein.

Unser tägliches Brot

Ist es nicht wunderbar und geheimnisvoll, die uralte Ehrfurcht vor dem Brote ? Wer aus einem Getreidelande stammt, weiss, wie tief sie im Volke wurzelt. Wenn der Vater das Brot bei Tisch vorschneidet—denn nur ihm kommt dieses Amt zu—macht er drei Kreuse auf die flache Seite des Laibes. Mit dem Gedanken an Gott fängt er dieses Geschäft an ; dieser Brotlaib in seiner Hand bedeutet ihm die Erfüllung der kindlichen Bitte im Vaterunser um das tägliche Brot.   Kein Körnchen Weizen wird in seinem Hause missachtet, kein Stäubchen Mehl vergeudet, jede Brotkrume, die sich loslöst, jedes Bröselchen wird von unheiliger Behandlung geschützt : wo es nicht mit anderen Abfällen verfüttert werden kann, da muss es verbrannt werden.   Der Landmann, der das Brot erzeugt, kennt keine schwerere Sünde als den Mangel an Ehrfurcht vor dem Brote.   Und das Christentum bietet seinen Gläubigen den Leib des Herrn in der Gestalt des Brotes.

Der deutsche Sprachgebrauch und das deutsche Sprichwort wissen ganz genau, dass wir unter dem täglichen Brote nicht das Brot allein verstehen.   Ein ,, Mittagbrot,'' ein ,, Abendbrot,'' das sind sehr dehnbare Begriffe, und so mancher zerbricht sich den Kopf über ihre Entstehung.   In hundert Wendungen, die jedem geläufig sind, macht der Sprachgebrauch das Brot nicht nur zum Mittelpunkte jeder Mahlzeit, sondern auch zum Mittelpunkte unseres Auskommens.   Der selbständige Mensch beginnt überhaupt erst dann, wenn er sein eigenes Brot verdienen kann.   Der Mann, der uns für geleistete Arbeit regelmässig entlohnt, wird unser Brotherr ; verlieren wir eine Stelle oder ein Amt, sind wir um unser Brot gekommen, wir sind brotlos.   Man spricht vom Brotneide, vom Brotstudium, von den brotlosen Künsten. Im Mittelalter und bis ins 18. Jahrhundert sprach man vom ,, Botenbrot '' als Bezeichnung für das Trinkgeld, das man dem Überbringer einer angenehmen Nachricht gibt.   Immer ist es das Brot I Wie ein Sinnbild schwebt es über unserem Leben.

Nach Müller-Guttenbrunn.

GERMAN POETRY

Aus dem „ Lied von der Glocke "

Wohltätig ist des Feuers Macht,
Wenn sie der Mensch bezähmt, bewacht,
Und was er bildet, was er schafft,
Das dankt er dieser Himmelskraft ;
Doch furchtbar wird die Himmelskraft,
Wenn sie der Fessel sich entrafft,
Einhertritt auf der eigenen Spur,
Die freie Tochter der Natur.
Wehe, wenn sie losgelassen,
Wachsend ohne Widerstand,
Durch die volkbelebten Gassen
Wälzt den ungeheuren Brand !
Denn die Elemente hassen
Das Gebild der Menschenhand.
Aus der Wolke
Quillt der Segen,
Strömt der Regen ;
Aus der Wolke, ohne Wahl,
Zuckt der Strahl.
Hört ihr's wimmern hoch im Turm ?
Das ist Sturm !
Rot wie Blut
Ist der Himmel ;
Das ist nicht des Tages Glut !
Welch Getümmel
Strassen auf !
Dampf wallt auf !
Flackernd steigt die Feuersäule,
Durch der Strassen lange Zeile
Wächst es fort mit Windeseile. . . .

Einen Blick
Nach dem Grabe
Seiner Habe
Sendet noch der Mensch zurück—
Greift fröhlich dann zum Wanderstabe.

Was Feuers Wut ihm auch geraubt,
Ein süsser Trost ist ihm geblieben ;
Er zählt die Häupter seiner Lieben,
Und sieh' ! ihm fehlt kein teures Haupt.

                                    Schiller.

Erlkönig

1. Wer reitet so spät durch Nacht und Wind ?
   Es ist der Vater mit seinem Kind ;
   Er hat den Knaben wohl in dem Arm,
   Er fasst ihn sicher, er hält ihn warm.

2. ,, Mein Sohn, was birgst du so bang dein Gesicht ? "
   ,, Siehst Vater du den Erlkönig nicht ?
   Den Erlenkönig mit Kron' und Schweif ? "—
   ,, Mein Sohn, es ist ein Nebelstreif."—

3. ,, Du liebes Kind, komm geh' mit mir.
   Gar schöne Spiele spiel' ich mit dir ;
   Manch bunte Blumen sind an dem Strand ;
   Meine Mutter hat manch gülden Gewand."

4. ,, Mein Vater, mein Vater, und hörest du nicht,
   Was Erlenkönig mir leise verspricht ? "—
   ,, Sei ruhig, bleibe ruhig mein Kind ;
   In dürren Blättern säuselt der Wind."—

5. ,, Willst, feiner Knabe, du mit mir geh'n ?
   Meine Töchter sollen dich warten schön ;
   Meine Töchter führen den nächtlichen Reih'n
   Und wiegen und tanzen und singen dich ein."

6. ,, Mein Vater, mein Vater, und siehst du nicht dort
   Erlkönigs Töchter am düstern Ort ? "—
   ,, Mein Sohn, mein Sohn, ich seh es genau ;
   Es scheinen die alten Weiden so grau."

7. ,, Ich liebe dich, mich reizt deine schöne Gestalt ;
   Und bist du nicht willig, so brauch' ich Gewalt."
   ,, Mein Vater, mein Vater, jetzt fasst er mich an.
   Erlkönig hat mir ein Leids getan."

8. Dem Vater grauset's, er reitet geschwind,
   Er hält in den Armen das ächzende Kind,
   Erreicht den Hof mit Mühe und Not ;
   In seinen Armen das Kind war tot.

Goethe.

Frühlingsglaube

Die linden Lüfte sind erwacht,
Sie säuseln und weben Tag und Nacht,
Sie schaffen an allen Enden.
O frischer Duft, o neuer Klang !
Nun, armes Herze, sei nicht bang !
Nun muss sich alles, alles wenden.

Die Welt wird schöner mit jedem Tag.
Man weiss nicht, was noch werden mag.
Das Blühen will nicht enden.
Es blüht das fernste, tiefste Tal ;
Nun armes Herz, vergiss der Qual !
Nun muss sich alles, alles wenden !

Uhland.

Alt-Heidelberg, du feine

Alt-Heidelberg, du feine
du Stadt an Ehren reich,
am Neckar und am Rheine
kein andre kommt dir gleich.

Stadt fröhlicher Gesellen,
an Weisheit schwer und Wein,
klar ziehn des Stromes Wellen,
Blauäuglein blitzen drein.

Und kommt aus lindem Süden
der Frühling übers Land
so webt er dir aus Blüten
ein schimmernd Brautgewand.

Auch mir stehst du geschrieben
ins Herz gleich einer Braut,
es klingt wie junges Lieben
dein Name mir so traut.

Und stechen mich die Dornen,
und wird mirs draus zu kahl,
geb ich dem Ross die Sporen
und reit ins Neckartal.

Scheffel.

Das Erkennen

1. Ein Wanderbursch' mit dem Stab in der Hand
kommt wieder heim aus dem fremden Land.

2. Sein Haar ist bestäubt, sein Antlitz verbrannt;
von wem wird der Bursch' wohl zuerst erkannt ?

3. So tritt er ins Städtchen durchs alte Tor ;
am Schlagbaum lehnt just der Zöllner davor.

4. Der Zöllner, der war ihm ein lieber Freund ;
oft hatte der Becher die beiden vereint.

5. Doch sieh,—Freund Zollmann erkennt ihn nicht ;
zu sehr hat die Sonn' ihm verbrannt das Gesicht.

6. Und weiter wandert nach kurzem Gruss
der Bursche und schüttelt den Staub vom Fuss.

7. Da schaut aus dem Fenster sein Schätzel fromm.
,, Du blühende Jungfrau, viel schönen Willkomm ! "

8. Doch sieh,—auch das Mägdlein erkennt ihn nicht ;
die Sonn' hat zu sehr ihm verbrannt das Gesicht.

9. Und weiter geht er die Strass' entlang ;
ein Tränlein ihm hängt an der braunen Wang.'

10. Da wankt von dem Kirchsteig sein Mütterchen her ;
,, Gott grüss Euch ! " so spricht er und sonst nichts mehr.

11. Doch sieh,—das Mütterlein schluchzet voll Lust :
,, Mein Sohn ! "—und sinkt an des Burschen Brust.

12. Wie sehr auch die Sonne sein Antlitz verbrannt,
das Mutteraug' hat ihn doch gleich erkannt.

Johann Nepomuk Vogl.

Ein Freund ging nach Amerika

Ein Freund ging nach Amerika
und schrieb mir vor einigen Lenzen :
Schicke mir Rosen aus Steiermark,
ich hab' eine Braut zu bekränzen !

Und als vergangen war ein Jahr ;
da kam ein Brieflein gelaufen :
Schicke mir Wasser aus Steiermark,
ich hab' ein Kindlein zu taufen !

Und wieder ein Jahr, da wollte der Freund,
ach, noch was anderes haben :
Schicke mir Erde aus Steiermark,
muss Weib und Kind begraben !

Und so ersehnte der arme Mann
auf fernsten, fremden Wegen
für höchste Freud', für tiefstes Leid
des Heimatlandes Segen.

Peter Rosegger.

Knabengebet

Lieber Gott, ich bitte dich :
Führe mich und schütze mich,
dass ich einst als rechter Mann
schwächern Brüdern helfen kann !

Gib auch deinen Segen
all den Lieben, gross und klein ;
lass uns lang beisammen sein ;
lass den goldnen Sonnenschein
über unsern Wegen !

Ferdinand Avenarius.

Das walte Gott !

Das walte Gott, der helfen kann !
Mit Gott fang' ich die Arbeit an,
mit Gott nur geht es glücklich fort ;
drum sei auch dies mein erstes Wort :
Das walte Gott !

Volksgut.

Willst du dir ein hübsch Leben zimmern,
musst dich ums Vergangene nicht kümmern.
das Wenigste muss dich verdriessen ;
musst stets die Gegenwart geniessen,
besonders keinen Menschen hassen
und die Zukunft Gott überlassen.

Goethe.

Über allen Gipfeln
Ist Ruh,
In allen Wipfeln
Spürest du
Kaum einen Hauch.
Die Vöglein schweigen im Walde.
Warte nur, balde
Ruhest du auch.

Goethe.

Der du von dem Himmel bist,
Alles Leid und Schmerzen stillest,
Den, der doppelt elend ist,
Doppelt mit Erquickung füllest,
Ach, ich bin des Treibens müde !
Was soll all der Schmerz und Lust ?
Süsser Friede,
Komm, ach komm in meine Brust !

Goethe.

VOLKSLIEDER

Der Jäger aus Kurpfalz

1. Ein Jäger aus Kurpfalz,
   Der reitet durch den grünen Wald,
   Er schiesst sein Wild daher,
   Gleich wie es ihm gefallt.
   Tra-ra, tra-ra, gar lustig ist die Jägerei
   Allhier auf grüner Heid',
   Allhier auf grüner Heid'!

2. Auf, sattelt mir mein Pferd
   Und legt darauf den Mantelsack!
   So reit' ich weit umher
   Als Jäger von Kurpfalz.
   Tra-ra, tra-ra, gar lustig ist die Jägerei
   Allhier auf grüner Heid',
   Allhier auf grüner Heid'!

Volkslied des 18. Jahrhunderts.

Wenn ich ein Vöglein wär

Wenn ich ein Vöglein wär
Und auch zwei Flügel hätt,
Flög ich zu Dir ;
Weils aber nicht kann sein,
Bleib ich allhier.

Bin ich gleich weit von Dir,
Bin doch im Traum bei Dir
Und red mit Dir ;
Wenn ich erwachen tu,
Bin ich allein.

Es geht kein Stund in der Nacht,
Da nicht mein Herz erwacht
Und dein gedenkt,
Dass du mir viel tausendmal
Dein Herz geschenkt.

Volkslied.

Gelübde

1. Ich hab' mich ergeben mit Herz und mit Hand
Dir, Land voll Lieb' und Leben, mein teures Vaterland,
Dir, Land voll Lieb' und Leben, mein teures Vaterland !

2. Mein Herz ist entglommen, dir treu zugewandt !
Du Land der Frei'n und Frommen, du herrlich Heimat-
land !

3. Ach Gott, tu erheben mein jung Herzensblut
Zu frischem, freud' gem Leben, zu freiem, frommem Mut !

4. Lass' Kraft mich erwerben in Herz und in Hand,
Zu leben und zu sterben fürs heil'ge Vaterland !

Hans Ferd. Massmann.

Treue Liebe

1. Ach, wie ist's möglich dann, dass ich dich lassen kann !
Hab' dich von Herzen lieb, das glaube mir !
Du hast das Herze mein so ganz genommen ein,
Dass ich kein' andren lieb' als dich allein.

2. Blau ist ein Blümelein, das heisst Vergissnichtmein ;
Dies Blümlein leg' ans Herz und denk' an mich !
Stirbt Blum' und Hoffnung gleich, sind wir an Liebe reich,
Denn die stirbt nie bei mir, das glaube mir !

3. Wär' ich ein Vögelein, wollt' ich bald bei dir sein,
Scheut' Falk' und Habicht nicht, flög' schnell zu dir.
Schöss' mich ein Jäger tot, fiel ich in Deinen Schoss ;
Sähst du mich traurig an, gern stürb' ich dann.

Volkslied.